Catch! A Fishmonger's Guide to Greatness

シンディ・クラザー　野津智子＝訳

まず心の声を「キャッチ」せよ！

仕事と人生の
主人公になる
秘訣

英治出版

まず心の声を「キャッチ」せよ!

Catch!

A Fishmonger's Guide to Greatness
by Cyndi Crother and the Crew of
World Famous Pike Place Fish

いつも人の意見にばかり、耳を傾けていませんか？
まず自分の心の声を聞いてください。
それが、人生を変える第一歩です。

まず心の声を「キャッチ」せよ！

目次

1 ごくふつうの人たちが、成功にいたった考え方

2

ありたい自分を「キャッチ」せよ！

3

チャンスを「キャッチ」せよ！

4

前向きな考えを「キャッチ」せよ！

5

問題の核心を「キャッチ！」せよ

6

まず心の声を「キャッチ」すれば、人生の主人公になれる

はじめに

世界的に有名なパイク・プレイス魚市場は、ワシントン州シアトルの、パイク・プレイス公営市場のなかにある。一九六五年にジョン・ヨコヤマ（ジョニー）が購入したときには、この魚市場の様子は、今とは似ても似つかないものだった。

当時は、これといった特徴もなく、運営のしかたも、魚市場と聞いてふつう想像されるものでしかなかった。今も、パイク・プレイス公営市場にある四つの魚市場のうちの一つであることに変わりはない。しかし、世界的に有名なパイク・プレイス魚市場は、ありがちなふつうの魚市場とはまったく違っている。

この魚市場は今や、シアトルを訪れる人たちが必ず足を向けるスポットになっている。名前に聞き覚えがある程度だという人でさえ、そこでは買えば魚が飛ぶということをたいてい知っているのである。

パイク・プレイス魚市場では、季節ごとの仕事内容に応じて一五人から一七人の魚屋が雇われ、どんな日も、六人から九人の魚屋が魚を売っている。月曜日から土曜日までは一日十二時間、日曜日は十時間、年中無休の営業だ。

日曜日を除く毎日、仕事は六時三〇分（日曜日は七時）に始まり、魚屋たちは寄り集まって、その日の目標について話をする。魚はそれぞれどれくらい在庫があるか、その日何を達成したいと思うか、といったことを話し合うのである。話し合いは、「アーイー！」と、まるで儀式のように大きなかけ声をかけて、おひらきになる。

それから、魚屋たちはそれぞれ別の陳列棚の準備をする。陳列棚は〈ショー〉と呼ばれる。何人かがカウンター前の陳列棚の準備をしているあいだ、ほかの魚屋たちは、カウンターの向こう側で、魚をおろして切り身にし、ガラス張りの陳列棚に並べていく。

すべての魚を並べると、魚屋たちは通路にホースで水をまき、陳列棚のガラスをみがき、魚の種類がわかるよう札をつける。

そうしているあいだに、早起きの客が魚を買いにやってくる。魚介類だけではなく、客は、〈世界的に有名なパイク・プレイス魚市場〉のTシャツやトレーナーや帽子などのグッズも買っていく。

時間が経つにつれて、多くの買い物客や観光客が訪れ、市場はたいへんな賑わいを見せるようになる。魚屋たちは一日中動きまわり、電話やインターネットから注文を受け、世界中へ魚を出荷していく。

家にいながらにして市場の様子を知りたい場合は、パイク・プレイス魚市場のウェブサイトを見て、webcamを選んでみるといい。客が注文すると例外なく、応対している魚屋が、三〜四・五メートルくらい離れたほかの魚屋まで、文字どおり魚を投げているところが見られるだろう。

彼らの連係プレイはみごとで、客に応対している魚屋が受けた注文をほかの魚屋に大声で伝えるまで、誰も魚を投げることはない。注文が大声で伝えられると、伝えられた魚屋は、注文を大声でくり返して返事をする。それから、魚が飛んでいくのである！　この伝達システムのおかげで、魚屋たちがミスをすることはめったにない。

余談だが、魚を投げるのは、もともとは、客が注文した魚の重さを量るのにいちいちカウンターまで歩いていく手間を省くためだった。ところが、魚が飛んでいく様子を客があまりにおもしろがったために、今ではすっかりパイク・プレイス魚市場恒例の風景になってしまったのだった。

さて、きっかり午後五時四五分になると、魚屋の一人が大声を張りあげて時刻を告げ、後片づけが始まる。陳列棚をたたんで魚を片づけるのに、だいたい四五分かかるのだ。六時三〇分までにすべてのものが片づけられて、魚屋たちはまた話し合いをする。朝の話し合いで掲げられた目標に関してその日一日どうだったか、検討するのである。

彼らは一日のあいだにもらったチップを分けあい、それから店を閉める。その後、魚屋の一人は、地元のホテルに泊まっている客たちのもとへ、注文の品を届けに出かけていく。

注目すべきは、魚屋たちは一人ひとりが、責任を持って、必要なことを何でもこなすことができるという点だ――それも、きわめてそつなく。彼らはみな、カウンターの向こうで魚をさばいたり、電話に出たり、売り場のいちばん前で魚を売ったり、注文を受けた魚を出荷したり、配達したり、ありとあらゆることをこなすことができるのである。

また魚屋たちは、魚を売っているときに生み出すエネルギーやわくわくする気持ちのためによく知られているが、彼らが数字のうえでたいへんな結果を出していることはあまり知られていない。この一七年のあいだに、経費は二五パーセント近く減り、収益は四倍、利益は一〇倍に増えたのである!

本書は、パイク・プレイス魚市場の成功の背後にある姿勢を追うものであり、この魚市場で働く魚屋たちの実体験を描いている。そしてみなさんには、最初から最後まで魚屋たち一人ひとりの話を読んでいただくことになる。

彼らの話を通して、あなたは、彼らの基本方針や自己変革を経験することになる。彼らはどのようにして成功をつかんだのだろう？

さあ、魚屋たちの話に耳をすませてみよう……。

魚屋たちの話を通して、あなたは、一つの組織のメンバー全員が、どのようにして健全な職場環境を育て、維持しているかがわかるようになるだろう。

魚屋たちの考え方を自分の人生のなかで十分に実現し、本書をしっかり理解《キャッチ》しようと思っていただけたら、幸いである。

みなさんのなかには、私たちを知っている人もいれば、知らない人もいるでしょう。いずれにしても、私たちはみなさんにお礼を言いたいと思います。

私たちを支持し、私たちが守っているものを信じてくださったことに対して。

本書を読もうと思ってくださったことに対して。

今のみなさんの考えとは違うかもしれない考えに、進んで耳を傾けようと思ってくださったことに対して。

私たちの考えに進んで心をひらくことが、無限の可能性に満ちた未来へのカギになると思います。楽しんで、本書を読んでください。


——パイク・プレイス魚市場の魚屋　ラッセル＆アンダース

1

ごくふつうの人たちが、成功にいたった考え方

ごくふつうの魚屋の仕事のしかた

世界的に有名なパイク・プレイス魚市場には、世界中から人々がやってきて、魚屋が魚を投げるのをわくわくしながら見つめている。きっと人々は、寒い日であれ晴天の日であれ（シアトルでも、晴れる日はある！）、何時間でも眺めていることだろう。

この魚市場は、ぜひとも訪れるべき、活気に満ちた胸の躍る場所だ。しかし、楽しいパフォーマンスを見るのはたやすいが、背後にある哲学――魚屋たちが指針とし、そうしたパフォーマンスをするに至った一連の考え方――を知るのは、容易なことではない。

本書のねらいは、多くの組織とはひと味違う、パイク・プレイス魚市場の仕事のしかたを示すことだ。ホッとするのは、魚屋たちが、並はずれてすばらしい人生を生きる、ごくふつうの人々だということだろう。

魚屋たちは、どうすれば自分たちの考え方をあなたの人生のなかで実行できるか――すなわち、あなた自身の〈人生の主人公になる〉可能性を解放することができるか、実例を示してくれる。そこに至る道は一つだが、それをどんなふうに経験するかは人によって違う。見落としがちなのは、〈ふつうの人〉は無意識のうちに生まれるが、〈人生の主人公〉は意識して生み出されるものだということだろう。

多くの人が、状況や出来事を〈生み出す〉よりむしろ、それらに〈対応して〉人生を生きている。パイク・プレイス魚市場がめざしているのは、人々の人生にポジティブな影響をもたらすことだ。魚屋たちの話や見識を伝えることによって、彼らも私も、みなさんが〈人生の主人公〉に一歩近づくお手伝いができればと願っている。魚屋たちがたどった過程を追うというよりむしろ、人々にポジティブな影響をもたらしている場所があること、そしてその場所が世界的に有名なパイク・プレイス魚市場であることを知っていただきたいと思うのだ。

言葉にして示されていないこともあるが、多くの魚屋の話のなかで、同じ内容がくり返されている――〈責任はすべて自分にある〉という根本的な信念である。パイク・プレイス魚市場においてこのシンプルな言葉が表しているのは、「自分が経験することや、人生のなかの出来事に対してどう対応するかということに、自分は責任を持っている」という信条だ。魚屋たちが自分自身や職場の仲間に対して持っている責任感は、その行動や言葉のなかに見ることができる。また彼らの話には、次のような、指針となる問いかけが反映されている。

- **自分の意志は何だろう。**
- **自分の姿勢は、その意志に合っているだろうか。**
- **自分のしていることは、自分の意志を反映しているだろうか。**
- **自分が生み出そうとしている結果は、どんなものだろう。**

最初に紹介するクリスの話には、前述の信条だけでなく、どのようにして〈凡庸な人〉が無意識のうちに生まれ、〈人生の主人公〉が意識して生み出されるかということも示されている。

パイク・プレイス魚市場に来る前、クリスは、某有名電話会社カスタマーサービスの顧客電話窓口《コールセンター》で働いていた。当時の彼は、仕事や人生をもっと充実したものにする選択肢があることに気づいていなかった。人生における目標を持ってはいたが、それらを達成するために積極的に何かをしようともしなかった。職場のチームにとって不可欠な存在でありたいとも思っていなかったし、さらに重要なことに、変われる可能性があることも知らなかった。

成り行きまかせの自分が変わる

「パイク・プレイス魚市場で働く前は、漫然と仕事をし、何でも成り行きまかせだった。何かが起きて、起きたから対処する、という具合だ。経済的に成功したいとは思っていたけど、そうなるための準備なんて何もしてなかったし、努力してぜひとも成功しようとも思っていなかった」

クリスは、コールセンターでの仕事を、一生の仕事だとは考えていなかった。職場でのさまざまな出来事について、自分のこととして感じたこともなかった。彼はただ、電話で客と話をし、客の問題を解決し、それでおしまい。自分の代わりにコンピューターの前にすわり、務めを果たすことなど、誰にでもできるだろうと思っていた。

「パイク・プレイス魚市場で働くようになってからは、〈世界的に有名〉であることや世間の人にポジティブな影響をもたらすことに、積極的に取り組んでいる。毎日、気持ちを新たにしているよ。いろんなことが起きるけど、世界的に有名な仕事をするか、中途半端にただ仕事をするかは、自分で選べるんだとわかったんだ。それは自分の選択だってこと。

ぼくがいなくなったら、ぼくがこの魚市場のために貢献していることも消えてなくなる。コールセンターにいても同じように取り組めたはずだけど、あのころはそういうふうに取り組むことができるってことを知らなかった。

もし今コールセンターに戻ったら、前とはぜんぜん違ったふうになるだろうね。顧客はみんな、こんなすばらしいカスタマーサービスは初めてだと感じるだろうし、ぼくが実に効果的に顧客に対応しているとも思うだろう。こっちの対応が顧客にどう感じられるかということに、ぼくが心から気を配っているのもわかるはずだ。

それにぼくは、そうした対応を自分だけのものにしておいたりはしない。どうすれば顧客といい関係を築き、顧客を電話をかけてきた相手というより仲間か家族のように扱えるか、チームのみんなに話すだろう。

コールセンターで働いていたとき、ぼくの評価は高かったし、自分でもなかなかよくやっていると思っていた。でも、今知っているようなことを知ったら、ただ頑張るだけじゃなくなる——抜群にいい仕事をして、まわりにいるみんなにも同じように抜群の仕事をしてもらうようになるんだ」——クリス

〈行動〉より〈どうありたいか〉を意識する

魚を売ることはパイク・プレイス魚市場がきわめて大切にしている点だが、一方で、それは大切なことの一つでしかない。

この魚市場をたぐいまれな市場にしている一つの基本方針として、魚屋たちがdoingとbeingを意識している点をあげることができる。私たちがみずからをhuman beings（人間）と呼ぶのは皮肉だろう。私たちは自分のdoing（行動）のほうに、はるかに関心を持ちがちなのだから。

行動に重きを置いていても、私たちはそこそこの成果を出すことができる。しかし魚屋たちは、ありたいと思う自分の姿を意識することは、なそうとしていることを意識する以上に重要であることを――少なくとも同じくらい重要であることを認識している。

being（どういう人間でありたいか）というのはそれほど新しい考え方ではないが、状況は変わってきているように思われる。人々は人生経験の質に関心を持つようになってきているのである。

大切なのは、経験や成功というのは自分がしたこと、つまり自分の行動の結果だと認識すること。そして行動は、自分という存在や、自分の本質や、自分を自分らしくしているものから生じる。

この過程を図で示すと、次頁のようになる。

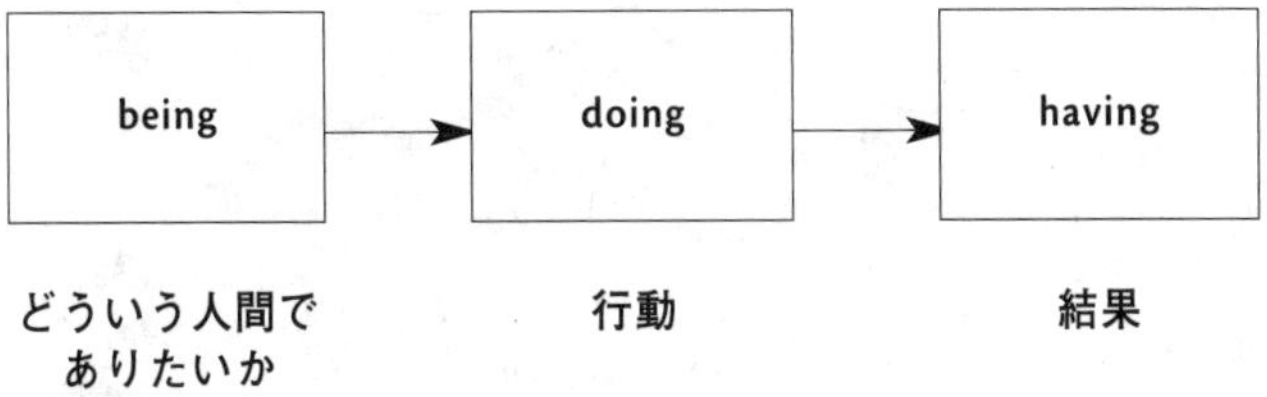

beingには、自分の核をなす信念や基本的な姿勢が含まれている。そうした自分の本質や基本的な姿勢によって、行動が生み出されることになる。

Doingとは、自分の行いや目に見えるふるまいといった行為のこと。そして、どういう人間でありたいと思い、何をするかによって、最終的な結果が生み出されていく。havingとは、当然の出来事、あるいは、自分の姿勢や理解や行動の結果を示しているのである。

これは、魚屋たちにとってはどんなことを意味しているのだろう？

魚屋たちはパイク・プレイス魚市場で楽しく過ごしているが、それは魚を投げているからというだけではない。彼らが仕事場で楽しく過ごしているのは、〈世界的に有名〉になるというパイク・プレイス魚市場のビジョンを実現することや人々の人生にポジティブな影響をもたらすことに、一人ひとりが責任を負っているからなのである。

売上が20倍に伸びたミーティング

次に紹介するディッキーの話では、パイク・プレイス魚市場の変化の過程が語られている。ディッキーは二〇年にわたって大勢の魚屋と仕事をしてきたが、彼によれば、現在魚市場で働いている魚屋たちが抜群に優れているのは、自分がどういう人間でありたいかを意識しているからだという。彼は、beingを知る最初のステップは、自分の意志を認識することだと考えている。

「自分を〈人生の主人公〉へ変えることには、どんな仕事をするかということよりはるかにたくさんの意味があった。昔はほかの市場と変わりなかったけど、その後ぼくたちは奥の部屋でミーティングをひらくようになった。当時はそんな大げさなものじゃなかった。ビール片手に、何時間もすわって、その月の売上目標を考えてたんだ――一日中働いたあとにね。それが始まりだった」

パイク・プレイス魚市場が、顧客にとってよい市場で、質的にも高く評価されているのは、今に始まったことではない。しかし昔は、日に一〇〇〇ドル儲かれば上出来と考えられていたのだった。

ディッキーが魚市場の変化に気づきはじめたのは、ミーティングをひらくようになってからだった。コンサルタントが加わってからは、ミーティングは変化を起こす力強い原動力になった。今では、働き手の人数は減ったのに、一日の売上は昔の二〇倍にも及ぶようになっている。

「ぼくたちは、意志と責任と誠実さについて話し合うことから始めた。すると新しい可能性がいろいろ生まれてきた。

自分の意志を認識することで、個人としてどういう人間でありたいか、グループとしてどういう集団になりたいと思うかが変わったんだ。それが最初で、兄のジョニーが中心になって、すべてが変わりはじめた。ぼくたちはミーティングを一週間おきにひらくようになり、

そして組織全体が変わっていった」――ディッキー

パイク・プレイス魚市場の人々は、人生の〈ふつうの人〉から〈人生の主人公〉への変化は、自分が行うすべての事柄に主体的であることから生まれると考えている。そこで、自分の意志を知り、よりどころとする信念を探ることが不可欠になる。

主体的に何か一つのことをするのは簡単かもしれないが（親切な行為を何か一つするのと同じように）、自分が行うすべての事柄において主体的であるというのはまた別の話だ。真に主体的であるというのは、一つの生き方だ。そしてその生き方が、自分にふさわしくなるのである。

パイク・プレイス魚市場の魚屋たちは、自分がどういう人間でありたいか、自分たちがどういう集団になりたいかということを意識し、責任も持っていて、それを、自分たちの考え方や言葉や、さらには互いや顧客に対する行動のなかで示している。

彼らは、成功するためには、仕事における精神的な側面が肉体的な側面と同じくらい重要だと考えている。精神的な側面は、〈人生の主人公〉になるためのあらゆる機会を最大限に利用する手助けをしてくれるからだ。彼らの仕事には、魚を投げる以外に、実にさまざまなことが必要なのである！

自分なりの誠実さを考える

次に紹介するのはダレンの話だが、彼は〈人生の主人公〉の精神的な側面をいくつか示している。〈主人公〉であることは、自分の言動だけでなく、自分の意志に注意を向けることでもあるという。このことは私生活でもいえることだと彼は言う。

世界的に有名なパイク・プレイス魚市場で働きはじめてから、ダレンは自分の考えや言葉や感情や意志に深く意識を向けるようになり、人々との関わり方がすっかり変わった。

「パイク・プレイス魚市場で働き出したころは、どこにでもあるような魚市場だろうと思ってた。魚をさばいたり、体を動かしてする仕事をいろいろこなしていくんだろうってね。でも、人々が気がつかない舞台裏に、それよりはるかに多くのことがあることがわかった。パイク・プレイス魚市場は生き方そのものだ。〈人生の主人公〉になることは、商品の質や魚市場での作業から、顧客や同僚との関わり方まで、ありとあらゆることに影響をもたらすんだ」

beingとdoingを認識した結果として、ダレンは、自分の言葉が他人にどんなふうに影響をもたらすか、気になってしかたがない。実際、気にならないときがないだろう。魚屋は一日中、人々と話をするのだから。

自分の考えや他人との関わり方を意識することによって、ダレンは自分がパイク・プレイス魚市場のより大きなビジョンの一部であることを知った。彼は、非凡なチームの不可欠なメンバーであり、日々新たなかたちで貢献しつづけている。

「〈人生の主人公〉になることについてもう一つ学んだのは、日々生きていくなかでどう誠実さを持つかということだ。ミーティングのときにも話し合ったが、おかげで、誠実さという言葉やその言葉が自分にとってどんな意味を持つか、深く考えさせられた。

誠実さというのは人によって意味が違うけど、ぼくにとっては、約束を守ったり正直であるということだ。そして注意を傾けることや誠実であることは、力強く、前向きで、まさに

主人公であるということなんだ」　――ダレン

こうした一連の考えに積極的に取り組めるようになるには、理由がある。パイク・プレイス魚市場に現実的に参加させることは、ある意味誘い入れることだと考えられている。そのため、新しい魚屋が雇われたときには、体を使う側面だけでなく頭を使う側面も学ぶようにと促したほうが、彼らが信じないかもしれない考え方を強制して取り組ませるより、はるかに有効な手段になる。

パイク・プレイス魚市場では、魚屋一人ひとりが、世界的に有名になることに熱心に取り組んでいる。また、仲間が自分の〈人生の主人公〉になる手伝いをすることや、人々の人生にポジティブな影響をもたらすことにも、力を尽くしている。

魚屋たちはみな、人々に出会い、とびきりの職場環境を楽しみ、そしてもちろん、魚を投げるために、パイク・プレイス魚市場にやってきた。想像以上の困難が待ち受けていることを知ったのは、仕事が始まってからだった。

誰もが経営者になれるように指導する

次のサミーの話では、変化の途中の様子がかいま見える。経営者の一人として、サミーは、〈主人公〉ぞろいの組織になるためには、全員がいっしょに変化を起こさなければならないと考えている。サミー自身は、自分が変化しはじめているときには、そのことに気づかなかった。しかし、周囲のみんなが変わっていくことには、はっきりと気づいていた。

「パイク・プレイス魚市場が変化していくとき、ぼくはそのことに気づきさえしなかった。ただ、周りのみんなが変わっていくことには気づいていた。個人の変化と組織の変化というのは、そういうふうに目に映るってことだね。

魚市場のみんなをずば抜けてすばらしくしているのは、精神的な部分だ。ぼくはみんなに、機械的に作業する部分は簡単だと言っている――八歳の子供でもじきにできるようになる、とね。精神的な部分は、それより少し難しい。そういう部分が理解できるようになると、新しく入ってきた人は自分の殻を破って話ができるようになる。

最終的にはみんなそうなるけど、大切なのは、経営者あるいは指導者として、もっと速く、かつ、自分を追い込んだり逃げ出したり消極的になったりすることなく、打ち解ける方法を見つけてあげること。それが目下《もっか》のぼくの仕事だ。ぼくがのんびりとして心配せずにすんでいれば、それはみんなの歯車がほんとうにうまくかみあっているからなんだ。

ぼくの役割は、みんなが経営者になれるよう指導することだ。機械的な作業も頭を使ってすることも、一人ひとりが取り組む。

何か具合の悪いところを見つけた場合、誰も、黙って突っ立ってたりしないし、何も言わずにそっぽを向いたりすることもない。一人ひとりがこの市場を所有しているように感じているから、みんなそのように行動する。

どんな問題であれ、みんな見つけた問題にきちんと対処するよ——店で体を使うことによって、でなければ、自分で考えたり互いに相談しあうことによってね」——**サミー**

〈どうありたいか〉は選択できる

〈ふつうの人〉から〈人生の主人公〉へと変わる過程は、どのように始まったのかと思われるかもしれない。

魚屋たちの変革のパワーは、自分の意志を意識することと、自分が選択した結果が人生のあらゆるところで生み出されていることを潜在的に認識していることから生まれている。魚屋たちがくり返し言っている〈責任はすべて自分にある〉という言葉を思い出してほしい。彼らの態度も考えも経験する結果も、間違いなく彼らのものだ。彼らは、そのすべて――良いものも悪いものも醜いものも――が結集された存在なのである。

次のダレンの話には、パイク・プレイス魚市場での彼の変化が示されている。以前は選択できることさえ知らなかったが、ダレンは経験によって、人生のなかで選択するための手段を持てるようになった。パイク・プレイス魚市場の基本方針のおかげで、日々の問題や困難にどうすれば効果的に対処できるかもわかるようになった。なかでも特に深く納得したのは、あらゆる問題において、態度は選ぶことができるという点だった。

「ものごとをいつもと違う方法でするのも一つの変革だ。けれどパイク・プレイス魚市場でぼくらが取り組んでいるのは、beingの変革なんだ。ぼくはいつだって、人生においてどういう人間でありたいか、選ぶことができる。楽しい気持ちでいることも怒っていることもできるし、不安がることもやさしい気持ちでいることもできるんだ」

どんな問題でも態度を選べることに気づく以前は、何かネガティブなことが突然起こり、そのためイライラしてしまうように、ダレンには思えていた。予想外の出来事には対処する方法が必要だったが、パイク・プレイス魚市場からダレンが得た一つの方法は、何かが起きたときの自分の最初の反応をしっかり見ることだった。

ダレンは自分に問いかけた。「何が起こったんだろう。そして自分はどんなふうに反応することを選ぼうとしているんだろう」ダレンは自分には選択肢があることを知った――起きたことに対してイライラすることもできるし、そのことから新たな可能性を生み出すという選択肢もあることを。

「パイク・プレイス魚市場のすばらしさの一つは、誰かが問題を抱えていたり何か気に病んでいたりしたら、互いに助けあうことになっているところだ。

みんなが耳を傾けてくれると、どんな問題を抱えていようと、早く元の状態に戻りやすくなる。気に病んでいたものについて話すと、前へ進めるようになるんだ。

何でもないふりなんかしたって、元の状態に戻るのにもっと時間がかかってしまうだけ。問題への対応のしかたには選択肢があることを知るのは、とても重要なことだね」――ダレン

どう生きるかということに選択肢があるとわかると、どんなときでも経験を変えられることがわかるだろう。魚屋たちは実際、状況や出来事の経験のしかたを選んでいる。現実をどう経験したいと思うか、選択しているのである。

知覚によって現実が決定されるのは確かだが、現実を、〈何を見、何をし、どう考え、どう

感じるかという点について、自分が望む姿〉として定義するといいかもしれない。現実をどう経験するかも、見たことやしたことについてどう感じるかも、その人しだいなのである。

人生において経験することは、自分の選択から生じたこととの結果だ。魚屋たちは、考え方と言葉によって、人生経験の価値を高められることを認識している。言葉は、経験がどういうものであるかを決める一般的なシステムだ。その言葉を使って、魚屋たちは自分の現実を生み出したり変えたりしている。人はみな、自分自身や自分の現実や自分の人生経験を、どんな場合にも、創り出したり創りなおしたりできるのである。

自分の選択が現実になる

次のダグの話には、仕事の意味は自分で選べることが示されている。ダグの仕事はさまざまに言い表すことができるし、表し方によって彼にとっての経験も違ったものになる。しかし、彼は自分の仕事を〈楽しい〉と言うことを選んでいるのである！

「ぼくがうんざりしがちなのは、朝起きなきゃならないってこと。前の日から氷を砕いておいて、朝の六時半に市場に行かなきゃならない――ワシントン州シアトルで、朝六時半にだよ！　そんな時間に仕事を始める人はそう多くはないし、ぼくらの仕事が終わるのは夜の六時半だ。朝から晩まで、大忙しさ。

楽しいかって？　もちろん。世の中には、ぼくほど体も頭も使わずに仕事をしながら、ぼくの少なくとも二倍は稼いでいる人たちがいる。でも、彼らは楽しまないことを選んでるね。みんな、市場にやってきては、家庭や職場で起きてる問題を話していく。ちゃんと楽しむための選択肢があることが、わかっていないんだ。

もし、ぼくがしている選択や魚市場で毎日くり返していることを見たら――散髪屋でも株式会社でも会計事務所でも銀行でもスーパーマーケットでも、みんなぼくと同じ変革を経験しないわけにはいかない。それは魚を投げることじゃない――ぼくらはみんな、そのことを知ってる。自分が選んだことが現実になるってことなんだ。

それに、楽しいっていうだけでなく、ぼくはもっと根本的なところで積極的に仕事に取り組んでる。だって、楽しいことや魚を投げることがなくなって、市場をもてはやす評判がなくなって、そうしたらどうなる？　凍るように寒い朝六時半に出かけていくとき、そこには

「ぼくの選択と積極的な姿勢があるんだ」――ダグ

世界的に有名なパイク・プレイス魚市場は、経験を、チームとして創り出し、選んでいる。たとえば〈世界的に有名な〉というフレーズだが、これは世界に知られていないことから創り出されている。

ある日のミーティングで、ジムは魚屋たちに、さらに活気に満ちた未来を創り出すことについてコーチングしていた。魚屋の一人は、今以上に活気のある未来というのは、世界的に有名になることでもあると考えた。そのため、当時はまだ広く世界に知られているわけではなかったにもかかわらず、魚屋たちは〈世界的に有名な〉というフレーズを、ロゴにも運送用の箱にも加えた。そして、彼らが世界的に有名になることを選んだために、評価され、名声を得る機会が現れはじめた。

魚屋一人ひとりの個人的な変革は、今知っているものとは違う新しいものを積極的に取り入れようとする姿勢から生まれ、その姿勢があったために、すばらしい結果が導き出されたた。世の中に注目されるようになったのである。

状況が変わりはじめ、パイク・プレイス魚市場はまるで、チャンスというチャンスを――降って湧いたようにしか思えないチャンスを、新しいものを取り入れる姿勢がなければ現れなかっただろうチャンスを、ものにしていくかのようだった。

積極的に人と親しい関係をつくる

次のキースの（通称〈熊《ベア》〉）話は、今までとは違う新しいものを積極的に取り入れる姿勢の意義を示している。ベアの積極的な姿勢とは、自分の生き方になじむ考え方を見つけること、また、誰もが有意義だと感じるような方法で、コーチングしたりほかの魚屋にコーチングしてもらうことをよしとすることだった。

「前はトラックを運転してたんだけど、魚を積んでトラックを走らせる人みんなが知っておかなきゃならない、でもなかなか知ろうとしない教訓がある。

それは、自分の殻を破って人と親しい関係を創らなきゃならないってことだ。

もし行く先々でみんなと親しくなるなら、すばらしい恩恵を受けることができる。そういう関係を築かないまま注文をとっていたら、ほかの人と同じものしか受けとることはない。親しい関係が築かれていると、みんな少しずつ、ぼくがほんとうに欲しいと思っているものを確実に手に入れさせてくれるようになる。みんながぼくに注意を払ってくれるようになるんだ」

ジョニーがベアにパイク・プレイス魚市場で働かないかと提案したとき、ベアは、どんな仕事をするにせよ、ジョニーが自分とのあいだに築いているのと同じ関係を、自分もほかの魚屋たちと築く必要があることを察していた。

パイク・プレイス魚市場とふつうの組織との違いは、ベアにしろほかの魚屋たちにしろ、するべきことをただこなすのではなく、自分の仕事を自分のものとし、責任を負うことを選んでいるということだ。ベアは、注文書を受けとってただ商品を積むのではなく、まるで相手が目の前に立っているかのように仕事をこなしている。

「〈パイク・プレイス魚市場のようになるためにするべきこと〉なんていうリストがないのは、いいことだ。そんなものは、早く何とかしたいと思っている人に、挫折感を覚えさせてしまうかもしれないから。

すべては一人ひとりが意欲的に取り組むかどうかだし、もし全員がそういうふうに取り組むなら、そのチームはどんなことだってできるようになるだろう。それが、ぼくたちが一週間ごとにミーティングをひらいている理由の一つだ。

ミーティングは、一人ひとりがどんなふうに仕事に打ち込んでいるか、話をする機会を提供してくれる。雇い主がぼくらに、単なる従業員として以上に事業に関わる機会を提供してくれるなんて、実にすばらしいね」――ベア

〈人生の主人公〉になるまでの道のりは長い。さまざまな洞察や根元的な信念が必要だし、今までと違う新しいものを積極的に受け入れたり、自分自身の考えや言動に対して進んで責任を負おうとする姿勢も欠かせない。むろん、断固たる意志を持つことも不可欠だろう。

なりたい自分になる

本章の最後を締めくくるのは、クリスの話だ。先述の考え方がいたってシンプルでありながら、それらが合わさったときの効果がどれほど深遠かを明らかにしているため、彼の話はなるほどと思えるだろう。

「『世界平和は、今こそまさに考えるべきことだ』というのは、なかなか考えさせられる言葉だね。ぼくがパイク・プレイス魚市場で働きはじめて数日が過ぎたときに、ジョニーが言った言葉だ。そのときはこう思った。『いったい何の話だ？ ぼくがここに来たのは、トラックを運転して、魚を投げて、飛びまわって働くためなのに。頭どうかしてるんじゃないの』少し時間はかかったけど、今では、それはこれまでに聞いたなかでいちばん健全な言葉だってことを、ぼくは理解してる。

この魚市場に来て知ったんだ。別に何か害をこうむってたわけじゃないけど、自分が、前向きな姿勢を持って望むとおりの人生を生きるよりむしろ、人生のなかで起きたことに合わせて行動しがちだったことを。これからも、障害はいろいろ出てくるだろう。でも今のぼくは、つねに自分の意志に沿っているために何をしなければならないか、ちゃんと選ぶことができる。

この魚市場に来て気がついたんだけど、みんなちょっと深刻に考えすぎなんだよ。この本を読んでも、もし細かいことを分析して、次は何をすべきかなんて考えるようなら、いろんなことを見落とすことになるかもしれないね。

やろうと思いさえすれば、けっこう簡単にできることだ。なりたいと思うのはどんな人間かを認識して、ただそうなればいい。そして一人ひとりが自分で選択すること。ほんとうに、とても単純なことなんだ」

パイク・プレイス魚市場で働くようになった結果として、クリスは以前より力強く人生を生きられるようになった。人生のなかで起きるあらゆることは、自分の意志に直接関係があるのだと、気がついたのである。

かつては、起きたことすべてが偶然自分の身に起きたかのように思って生きていたクリスだが、今では、人生において起きることは何でも、意図的であれ無意識であれ、自分が創り出したのだと気づいている。また、誰かを喜ばせることを選ぶと、自分も、その人が得るのと少なくとも同じくらい多くのものを得ることも知った。

「誰かがネガティブになっているのを黙って見てるなんて、ぼくにはもうできない。放っておいたら、彼らは出会う人みんなにそのうしろ向きな姿勢を移してしまう。それは、可能性とポジティブなエネルギーに満ちた世界をめざすぼくの気持ちに反することだ。市場では、笑う理由をみんなにあげたいんだ。

みんながもがいて努力して、そこから成長していく、そんな世界の可能性を想像してみてほしい。思ったとおりに申し分のない自分になれることを、みんなが知っている世界を想像してほしい。

国と国が互いを思いやりある社会としてとらえ、異なる文化が等しい価値を持つ世界を想像してほしい。そういう世界はきっと創ることができるよ――自分が他人に与える影響に気づいて、ポジティブな影響を与えることを選びさえすれば」――**クリス**

CATCH!

1

- 責任はすべて自分にある。
- 〈ふつうの人〉は無意識のうちに生まれるが、〈人生の主人公〉は意識的に生み出される。
- being→doing→having　自分の核となる信念や基本的な姿勢（being）によって、行動やふるまい（doing）が決定され、結果（having）が生み出されていく。
- 自分が行うすべての事柄において、主体的であれ。
- 自分に対して偶然起きることは何もない。ものごとはたまたま起きるが、どのように対応するかは選ぶことができる。

2

ありたい自分を「キャッチ」せよ！

意志をはっきり伝えると、周囲とうまくいく

あなたはこれまで、意志について深く考えたことがあるだろうか。もし、自分の意志の実現に積極的であることが人生におけるすべての人間関係に影響をもたらすと知ったとしても、あなたは意志について時間をとって考えようとしないだろうか。

〈人生の主人公〉になるステップの一つは、意識的な目的や意志を持って生きることだ。もし意識的な目的や意志を持って人生を生きていないなら、今この瞬間までのあなたの経験は無意識の意志の結果だと考えざるをえないだろう。

魚屋たちは、チームとしてはもちろん個人的にも、意志と、意欲的に相手に関わる姿勢とを持っている。少し時間をとって、次の問いについて考えてほしい。

- **あなたの意志は何か。**
- **あなたの意志は周囲のすべての人に明らかにされているか。**

● 職場や家庭において、また自分自身や他人に対して、あなたはどんなふうに積極的に関わっているか。

● あなたをあなたの未来へと導くのは何か。

パイク・プレイス魚市場の魚屋たちは、人々の人生にポジティブな影響を与えるという共通の意志を心に抱き、また、互いが〈人生の主人公〉になることに積極的に関わっている。そのように関わることで、魚屋たちはそれぞれが〈人生の主人公〉になって、目を見はるような働きをする機会を得ているのである。自分の意志や互いの成功に積極的に関わる姿勢を周囲の人々に知らせると、周囲の人々もこちらに関わってくるようになる——おそらくは、それまで以上に積極的に。

家族を大切に思っていることに気づけば、ケンカはなくなる

多くの場合、意志と積極的に関わる姿勢とが密接なつながりを持っていることは、次に

紹介するアンディの話が示すとおりである。

アンディは、パイク・プレイス魚市場で行われていることの多くは意志に関連があると考えている。そして、自分自身の意志を認識することは、頭のなかにあるほかの思考をすべて脇へどけることだと考え、職場でも私生活でもその練習をつづけているという。自分の意志を認識し、その意志の実現に心を傾けることで、アンディと友人や家族や同僚との関係には、目を見はるような影響がもたらされている。

「ぼくは、ここパイク・プレイス魚市場での仕事から多くのものを受けとり、それを家族といっしょに練習しはじめた。そして、〈意志〉と〈積極的に関わる姿勢〉とによって、家族と言い争いをするといった小さなことは実際、家族を愛したり人生のなかで家族を持ったりすることに対して負っている責任に比べれば、ほんとうに些細なことだということがわかった。意志と積極的に関わる姿勢とが、人生のなかの人間関係にどんなふうに影響するかわかったし、自分にこう言い聞かせるようにもなった。

『いいか。家族に対して積極的に関わるぼくの姿勢は彼らを愛することだし、彼らこそぼくの人生だ。言い争いなんてほんとうは些細なことで、ぼくたちの時間を割く価値なんてない』意志と意欲的に関わる姿勢とのおかげで、ぼくは視野を広くしてものごとを見られるようになったんだ」——アンディ

〈ふつうの人〉から〈人生の主人公〉へ変わるには、魚屋たちは意志に自らを導かせる必要がある。〈人生の主人公〉になるのに、極意も手段もない。ただ単に、自分が行うすべての事柄において、ほんとうの意味で主体的であろうとすればいいのである。

主体性が反映されるように生きていけば、結果は〈人生の主人公〉にふさわしいものとなって現れる。世界的に有名なパイク・プレイス魚市場はまず、〈世界的に有名になる〉という共通の意志と組織のビジョンを打ち出し、今では、〈人々の人生に力強くポジティブな影響を与える〉というところにまで意志とビジョンを広げている。

働きたいという意志があれば、仕事も手に入る

次のマットの話は、自分の意志を認識して、その意志が行動を促すようになる過程を示している。マットの意志はパイク・プレイス魚市場で働くことであり、彼は意志に従って、その実現に積極的に取り組んだのだった。

「ここで働くようになってから、始終新しい考え方を学んでる。どんな状況も、最大限に利用することもできれば、悪く捉えることもできる――すべては自分の気構えしだいなんだ。去年のクリスマスにここに来てみんなを見たとき、こう思った。『わお！　ここの一員になるぞ。こういう仕事がしたいんだ』簡単に手に入る仕事じゃないのはわかってた。でも、それは問題じゃなかった。

今でもよく聞かれるよ。『どうやってこの仕事を手に入れたのか』って。それは、この仕事を手に入れるという意志がぼくにあったからだ。その意志に従って、ぼくは、ここで働く

ことについて魚屋のみんなと話をするために、一週間おきにプルマンの町から車でやってきた――たった五分話すために、朝の六時にね。今、ぼくはここで働いてる。したかったことを実現できたことで、できることを何でもやれば、したいことができるんだと思えるようになった。結果として、自分がするすべてのことにおいて、自分の意志や積極的に取り組むことを、前よりずっと意識できるようになったね。

魚屋のみんなを観察したり、意志がみんなを突き動かすのを見るのは、おもしろいよ。たとえば、市場の活気がちょっと萎えてくると、誰かが俄然はりきりだして、そのエネルギーのなかにみんなを巻き込んでいく。お客の一人をカウンターの向こうへ行かせて、魚をキャッチさせるんだ。

ときには、自分たちの意志や目標を思い出さなきゃならないこともあるってことだね。スイッチを切り替えるみたいに、ぼくたちは積極的に取り組む姿勢を思い出して、楽しく仕事をする。生み出したエネルギーがいいものだと、それから何時間もすべてが順調に進んでいく。チームの意志に注意を傾けるのは、ぼくたちが互いに納得してる暗黙の了解事項なんだ」

――マット

お客と楽しく過ごせば、思わぬ売上につながる

ライアンは、顧客に注意を傾けて親しい関係を築くという自分の意志を、どのように示しているかを述べている。

それは、努力してするべきことではなく、意志から自然に生まれてくることだ。意志や積極的に関わることを意識すると、結果として、楽しい場が自然に生まれてくるのである。

「ぼくが生み出しているのは、客が、非難されることなく自由に自分らしくしていられる、すばらしい環境だ。大勢の人が何時間でもぼくたちを見ている。みんな、職場でも人間関係のなかでも、ぼくたちみたいな経験をしていないんだ。

ぼくはあまりに長いことこの環境にいるから、私生活であれ仕事場であれ人とのつきあい方であれ、こういう経験をしないなんて想像もできない。お客が見ているのはシンプルなものだ。なのに、そのシンプルなものを、みんなとても複雑なものにしようとしてしまう。

まあ結局、ぼくらはみんな、〈人生〉なんていうこのとんでもないものを創り出している
ただの人間なんだろうな（笑）」

ライアンは、魚市場を訪れる人たちは、魚屋にはただ楽しくやる以上に大切なことがたくさんあることを見落としていると思っている。人々は、魚屋たちの目標を、楽しみの背後にあるものを得ることではなく、楽しくやることただそれだけだと考えている、というのである。

ライアンはパイク・プレイス魚市場から、人生の教訓を学んでいる。意志を生み出し、その意志を実現することに関して意識的な選択をし、意欲的に取り組むかぎり、望むことは何でもできる、という教訓である。

「以前、サーモンを一〇〇ドル分も買っていく客がいた。ぼくとしゃべって、その客は楽しい時間を過ごしていたんだ。

その客が自分のことを話すのをぼくが心をこめ聞いていると、客は買うものを次から次へ

と増やしていく。サーモンなら、半匹じゃなく、まるまる三匹買っていった。タラバガニなら、一キロじゃなく、箱ごと家へ持って帰った。いわく、冷凍庫へ放り込んでおくのだということだった。

ぼくの意志は、その客にたくさん買ってもらうことじゃなかった——ぼくはその人に、楽しい時間を過ごして、いい気分になって、ここでした経験にわくわくしてもらいたかっただけだ。そうしたら、食事の準備をするために冷凍庫から魚を引っぱり出したとき、市場でぼくと過ごしたときのことが脳裏によみがえる。そしてこう思ってほしいんだ。『わお！　このタラバガニを買ったときは、ほんと楽しかったなあ』

ぼくは客に、商品だけでなく、商品に付随する経験もいっしょに家に持って帰ってもらってる。それはほんとにすばらしいことだ。売ることとは何の関係もない。

実際、いっしょにいてほんとうに楽しく過ごしているとき、その客とはたやすくいい関係を築くことができる。お客も、世界的に有名なパイク・プレイス魚市場での経験を、存分に味わっているんだ」——**ライアン**

この話が示しているとおり、ライアンは、自分の意志を意識しているとき、考えたことさえなかったかもしれない結果を実現する力を手に入れている。

魚屋たちは、主体的な姿勢を生み出すと同時に、つねに新しい意志を生み出している。そして、どのような状況のなかであれ――親しい関係のなかであれ、志を同じくする個人が集まったグループのなかであれ――自分の意志を意識すればするほど、望ましい結果をうまく手に入れられるようになるのである。

今の世の中にはマネジメントに関する本やビジネスモデルがあふれているが、もし根本的なレベルで意志が変わらなければ、結果が変わることはない。たとえば、一人の魚屋が世界的に有名になることを提案したときには、ほかのすべての魚屋も、世界的に有名になるという意志に賛成する必要があった。それが個人として、またチームとして、どんなことを意味するのか理解する必要もあった。

世界的に有名になるという意志を生み出すとすぐさま、一人ひとりが、まるですでに世界的に有名になったかのようにふるまいはじめた。取り組みや行動が、意志をあと押ししていた。

決意の結果として、さまざまなことが起こりはじめ（いうなれば、世の中が注目しはじめ）、新しいチャンスが現れるようになった。テレビ番組や雑誌で取り上げられたことも、一度や二度ではない。

念のためにいっておくと、ウェブサイトを除けば、彼らは宣伝にいささかも金をかけたことはない。彼らはただ、意志を生み出し、〈世界的に有名な〉パイク・プレイス魚市場になることに意欲を傾けただけ。その後のことは、周知のとおりである。

今日手に入れたいものを、朝考えよう

次に紹介する話には、魚市場での日々に対するアンダースの見方が示されている。ほかの人たちほど快適な状況下で仕事をしているわけではないかもしれないが、彼は意志を実行に移すための仕組みを生み出しているという。

魚市場で実現できることは、読者のみなさんにもできるはずだと彼は思っている。意志や積極的に取り組む姿勢を意識することに、選択がどれほど関与しているか、見てみよう。

「多くの人が、わくわくする職場環境に恵まれているとはいえず、そのため、魚屋の仕事は楽しくて気ままだから、魚市場で働くのはのんきなものだと考えているらしい。つまり、職場環境を変えることを渋っているほとんどの人は、ぼくらの仕事は魚を投げて大声で叫ぶことだけだと思っているんだ。

実際、こんなふうに言うのを聞いたことがある。『私の仕事が楽しいわけがない。一日中、オフィスにいて、すわっているだけなんだから』

だけど、このことを考えてみてほしい。冬場、オフィスは魚市場より四度から一〇度も暖かい。それにぼくは、外がまだ暗くて凍るように寒い時間に起きなきゃならない。むろん、ベッドから出たくなんかない。

でもぼくは、ベッドから出ることを選び、市場に行くことを意識的に選択し、人々の人生に影響をもたらすという明確な意志を持つ。

市場で迎えてくれるのは何だと思う？　氷の山さ！　陳列棚の準備をするために、手袋も何もつけていない手を氷のなかに入れなくちゃならないし、そのあとには、凍った手を元に戻すために温水につけなきゃならない――朝の六時半にだよ。

ぼくは一日十二時間ここにいるし、冬場は客の数もめっきり減って雨も降る。夏とは大違いさ。夏には、世界中の人がパイク・プレイス魚市場を訪ねてくるからね」

アンダースの職場環境を、多くの人は悲惨だと思うだろう。そのため、「職場で楽しむことができない」と人々が言うとき、アンダースはそうした不満に首をかしげざるをえない。アンダースは、自分の仕事や働いている環境が好きでたまらない――つらい冬のあいだでさえ、である。彼はたいてい、遅くまで残って配達の仕事をする。帰るころは暗く寒く、雨が降っている。走行条件も交通事情も最悪だ。

それでも、彼は仕事が好きでたまらない。楽しく、また充実しているのである。

「ほとんど毎朝、ぼくは目覚まし時計を止めたあとベッドの端にすわって、今日をどんなふうに過ごしたいと思うか、どんな日を創りたいと思うか、というゲームをする。『今日どんなことが起きたらいいと思うか』っていうゲームだ。

起きたらいいと本気で思うなら、特別なことなんか何もしなくても、望んだとおりのことを経験することになる。ふしぎなことにね。

ある朝のゲームは、出会うすべての人と親しくなるということだった。

その日一日、チップをたくさんもらったよ。五ドルとか一〇ドルとかを、みんななんでもないことのようにくれたんだ。あるお客なんか、一二〇ドル買ったうえに、チップを四〇ドルもくれた。ぼくが『今日はチップを山のようにもらいたいんだ』と言ったからじゃない。ぼくは単に、『今日はお客みんなと親しい関係をつくりたいんだ』と言っただけ。その言葉を聞いて、お客のほうも親しくなりたいと思ったわけだね。

ああいうことが起きるのって、ほんとふしぎだ。心底お客を大切に思うぼくの気持ちを、みんな感じてくれたんだ。

そんなふうにゲームをして一日を始めるのが、ぼくにとってはいちばんいい。それから、人と話したり、仕事に取り組んだりする。朝ベッドに腰かけてその日をどんなふうに過ごしたいか意識するだけで、その日一日が創られていく。そのゲームが、すばらしい一日のもとになるんだ。

もし、自分なりにその日手に入れたいと思うものが何もなければ、実際何も手に入れるこ

とはできないだろうね」――アンダース

挨拶が変革のキッカケになる

次のラッセルの話では、ほかの人の人生に関わろうという意志を明確に持つと、自分自身の人生においてまったく新しい可能性が生み出されることが示されている。ラッセルは、自分が望む人生を経験できることに気がついた。そして、他人の人生に関心を持つことによって、彼の魚屋としての人生にすばらしい影響がもたらされた。今では、彼の意志は家庭生活のなかでも反映されるようになっている。

「パイク・プレイス魚市場で働きはじめたころと違うのは、〈自分の意志は何かを知る〉という考え方を明確に持つようになったことだ。

人生のなかのどんなことも、自分の意志の結果として起きる。意志というのは、魚を扱うとか投げるとか大声を張りあげるとか、そういうことだけじゃない。魚を売って儲けることはもちろんあるけど、ほかの人といい関係を築くことでもあるんだ。

ぼくたちは、ほかの人にポジティブな影響をもたらすためにここにいる。それは職場でも家庭でも同じだ。いつかどこかよその場所で働くようになるかもしれないけど、その姿勢はこれから先も変わらないよ。

市場で仕事しててとてもおかしいのは、お客に『こんちは』と声をかけると、たいていの人が『見ているだけだよ』と答えることだ。ぼくはもう一度『こんちは』と言って、さらに『調子はどうだい?』と聞く。おもしろいことに、みんなぴたりと動きを止めるね。

思うに、今はほかの人の人生に関心を持つことがめっきり少なくなってる。パイク・プレイス魚市場ではそれをするから、みんなびっくりするんだ。いったい何のせいで、みんな、同僚とも客とも話をせずにいるんだろうね。ぼくは、話をしようという意志を持つようになったとたん、いろんなことが変わりはじめたよ」——ラッセル
あらゆる瞬間に、選択の機会がある。

魚屋たちは、〈ふつうの人〉であることを選んで、割りふられた仕事をし、目標を単な

る行き着くべき先としておくこともできる。あるいは、〈人生の主人公〉になることを選び、意志と手を組んで、目標を始まりとして活用することもできる。

●あなたが支持するものは何だろう。

●情熱を傾けようと思うものは何だろう。

●どんな夢や目標なら、夜も眠れなくなるだろう。

●あなたを朝ベッドからさっと起き出させるものは何だろう。

魚屋たちはパイク・プレイス魚市場で、たまたまそこにあるあらゆるものを活用して、個人としてもチームとしても〈人生の主人公〉であろうとしている。彼らは来る日も来る日も、自分の意志と、意欲的な姿勢を持って行動できているかどうかということに、高い意識を向けているのである。

魚屋が自分たちの意志に注意を傾け、その意志に沿って行動できるようになると、次のステップはその意志を楽しむという選択をすることだが、この選択はくり返しなされることになる。選択する機会はつねにある。魚屋たちに意志を再確認させる障害や困難が、つねにあるからである。

意志に注意を払うと同時に、魚屋たちは積極的な姿勢を持つことにも意識を傾けている。積極的な姿勢がどういうものかは、多くの人がすでに知っている。

しかし、魚屋たちにとっての積極的な姿勢とは、自分の意志は何か、何を信じるかということに対して明確な態度を示すことを指す。彼ら魚屋にとって、それは世界的に有名になることであり、人々にポジティブな影響を与えることであり、たくさんの魚を投げることだ。積極的な姿勢を持つことは、意志の実現を約束するものなのである。

結果への執着を捨てる

意志を確立し、積極的な姿勢を持つと、次のステップとしては、結果への執着心を手放すことが必要になる。

魚屋たちによれば、結果に対する執着心を手放すというのは、〈結果を世の中に引き渡すこと〉だという。結果を世の中に引き渡すことによって、予期せぬことが起きる機会と場が生み出されるようになる――おそらく、そうした機会は、まったく唐突に与えられるように見えるだろうけれども。

引き渡すとは、結果に対する執着心を手放すことだ。起きるかどうかわからないことに執着することはできない。逆にいえば、執着心があるかぎり、どんな結果も起こすことはできない。期待するよりはるかにすばらしいものが待ち受けているかもしれないが、生まれるべき結果に対する自分の考えに固執するなら、それを見ることはできないだろう。

このように、特定の結果に固執することは危険だ。必然的に、結果に期待を結びつけてしまうからである。

人の夢を応援すれば、自分の夢もかなう

短期間でもパイク・プレイス魚市場で働くと、魚屋たちの持つ意志と意欲的な姿勢は、生活のいたるところに浸透していくようになる。それは、彼らの個人的な目標のなかにも、

友人や家族との関係のなかにも、夢や情熱のなかにも、見られるようになる。

次に紹介するのはジェイソンの話だが、そこには、自分自身のことにもパイク・プレイス魚市場のことにも積極的に取り組んでいる姿が示されている。夢と仕事への情熱とのバランスをとろうとするときに人々が直面する葛藤を示す例でもある。

「ぼくはバンドのドラマーだけど、魚市場で経験するあらゆることを、演奏活動のなかでも経験してる。考え方が同じなんだ。環境は違うけど。

ぼくのバンド、セバーヘッドは、ヘビー・ロックやジャズの影響を受けた音楽をやってる。バンド活動は、ぼくが打ち込んで取り組もうと決めたことだった。方法はわからなかったけど、きっと打ち込んでやれるはずだと思ってた。

ジョニーとコーヒーを飲んでいたとき、ぼくはバンド活動にも積極的に取り組みたいっていう話をした。こう言ったんだ。『ここで働くのは楽しい。でも、幸せになるには、勤務スケジュールを変えてもらう必要がある』

どんなスケジュールにしたいのかと聞かれたから、希望を伝えた。その希望を、ジョニーは叶えてくれた。

ぼくはこう思ったよ、『わお！　この人はぼくのことを真剣に考えてくれてるんだ』

この一件で、ぼくはますますジョニーを尊敬するようになったし、人生のなかでとてつもなく大きな影響を与えられた。

実際、仕事を離れたところで夢を追いかけている人はそう多くないんじゃないかな。健康で幸せでいるために不可欠なことを大切にしなかったら、仕事をしに行っても、ぼくは誰かほかの人の夢のためにしか働いていないことになる。

パイク・プレイス魚市場はジョニーの夢。ジョニーが心血を注いでいるものだ。ぼくにはぼくの夢があるし、その夢を実現したいと思ってる。

ぼくのバンドはこれまでにCDを二枚リリースして、つねに前進しつづけている。これはぼくが、ぼく自身のことにもパイク・プレイス魚市場のことにも積極的に取り組んできたからこそできたことなんだ」――**ジェイソン**

立ち止まって意志を自覚する

次に紹介するジャスティンの話は、意志と積極的な姿勢に注意を向けた結果と、しばし立ち止まって自分の心に意識を集中した結果に関するものだ。

ジャスティンはあらゆる瞬間に意識を集中し、自分には、人生が提供するものを受け入れるか、あるいは定義しなおすか、選択肢があるのだということに気づく努力をしている。

「朝目を覚ますたび、『起きたくない』って思う。でも、すぐにこう言うんだ。『今日はどんな人間になるんだ？　ベッドにもぐりこみたいと思うジャスティンか、それとも、魚市場へ行き、今までどおり働いて、みんなにポジティブな影響をもたらすジャスティンか？』

もし、意識的にベッドにすわってそう言わなければ、ぼくは何の自覚も持たず、起こることを何でもただ受け入れるという選択をしているだろう。

人々にポジティブな影響をもたらすことを選ぶと、ぼくの一日ははるかにすばらしいものになる。ぼくにとって申し分のない一日になるんだ。

別にぼくは、ほかのみんなと何か違うわけじゃない。払わなきゃならない請求書があるし、朝になれば起き出して働きに行かなきゃならない。だけど、もし毎日腰を落ち着けて自分の意志を自覚しなかったら、仕事は最低なものになるだろうね。パイク・プレイス魚市場の楽しさを味わいにくる人たちは、背後にあるものを見ていないことがある。そういう人たちはそれだけを——楽しいところだけを求めてるんだ。ほんとは少しばかり頭を使ったり意欲的に取り組んだりする必要があるわけだけど、結果はそれだけ価値のあるものだ。

昔はぼくも、老犬に新しい芸を教えることはできない（今さらそんなことはできない、の意）と思ってた。けど、意欲的な老犬になるといい。そうしたら、何だってできるから（笑）。ぼくも自分のやり方に固執することがあるし、ときにはどうしようもなく頑固になるけどね。もしぼくたちが魚を投げるのをやめたとしても、パイク・プレイス魚市場は何も変わらないだろう。ぼくたちは単に、ほかとは違う市場にしようと思っただけだし。ぼくたちが魚を投げるのをやめても、魚市場が楽しい場所でなくなることはない。だって、その楽しさは、魚を投げることから生まれているわけじゃない。それは、ぼくたちが毎日意志を選ぶことから生まれているんだ」——**ジャスティン**

あなたは今、〈人生の主人公〉になるには、あなた自身の人生においてまずどうすればいいのかと思っているかもしれない。

パイク・プレイス魚市場では、チームとして人々にポジティブな影響をもたらすことに対して、まず一人ひとりが積極的に取り組んでいく。個人としての経験すべてが血となり肉となる。魚屋たちにとって、楽しく仕事をする根幹となるものは、人々に影響をもたらすというビジョンを支えるために一人ひとりが行うことから生まれるのである。

そのため、意志を生み出すときには、こう認識する必要がある。

「肝心なのは、意志がめざすところに到達することでも、目標を達成することでもない。意志は生き方のなかに反映されるということだ」

この認識が高まるにしたがって、行動やふるまいがどのように意志に結びついているか、わかるようになるだろう。魚屋たちは意志を、人々にポジティブな影響をもたらすすばらしい機会と見なしているのである。

意志を生み出すすばらしさは、いくらでも幅を広げていけるという点にある。たとえば、組織のなかで大きな意味を持つ存在になるという意志を持った場合、行動やふるまいはその意志を反映したものになるだろう。

しかし、意志の幅を広げて、職場環境のなかだけでなく家族や友人にとっても大きな意味を持つ存在になろうと思うなら、より大きな意志を反映して、行動やふるまいも違ったものになるはずだ。こうして、大きな存在になろうという意志が地域社会や国にまで広がっていけば、自分がありたいと思う姿もおのずと変わってくる。

最終的に、人間だけでなく動物や植物や環境——地球上にあるすべての様相——にまで意志の範囲を広げていくなら、行動やふるまいも、大きな意志や意欲的な姿勢を反映するようになる。これをもし人間がみんなで行うなら、私たちは地球規模で社会的責務を果たすことになるだろう。

「負けるものか！」と意志を口に出す

最後に紹介するジェレミーの話は、深く考えさせられるものだ。

二〇〇二年三月、ジェレミーは脳幹に腫瘍があると診断された。彼は診断の結果に前向きに取り組むという意志と意欲的な姿勢を持ったが、そこから引き起こされた結果には目を見はるものがある。

ジェレミーは、二〇〇二年十月にパイク・プレイス魚市場に復帰し、フルタイムで働くようになった――そうなってみせると、自分で予告したとおりに。いったいどのようにして予告を実現したのだろう。彼の話を聞いてみよう。

「パイク・プレイス魚市場はぼくに、診断結果に前向きに取り組むことについて、どんな選択をしたらいいか、ずっと教えてくれてきた。頭痛がしたり耳鳴りがしたりして兆候が出はじめるとすぐに、『医者に行け』とみんなにくり返し勧められるようになった。ぼくとしては、これから夏になるときだったのが気がかりだった。忙しくなるし、休みをとりたくなかった。夏が大好きなんだ。こんなことになるとは、夢にも思っていなかった。

医者に行くと、脳にゴルフボールくらいの腫瘍があると言われた。いろいろ考えるために、サミーが次の一週間休みをくれてね。三月半ばのことだった。仕事は、できるときにはしていた。企業向けのセミナーにはずっと参加させてもらってたし、脳腫瘍があるからといって市場から閉め出されているみたいには感じなかった。休みの日がたくさんあるような感じではあったけどね。病気はぼくに課せられたものだけど、仲間のみんなもいっしょに取り組んでくれていた。

最初、医者たちは、手術をしたほうがいいか放射線療法で効果が期待できるか、判断しかねていた。手術を受けていたら、ぼくは今ごろ生きてなかったと思うよ。場所が場所だからね。脳幹のいちばん上のど真ん中だったから、生検をすることさえできなかった。生検のせいで、ぼくが死んでしまうかもしれなかったから。

医者によれば、丸一カ月したら何らかの方向性が見えてくるだろうということだった。ぼくとしては、こんなことになるなんて、としか思えなかった。でもその一カ月を、『ああ、きっと死ぬことになるんだ』なんて考えながら暗い気持ちで送りたくはなかった。楽しく過ごしたかったし、力強い人生を生きたかった。それで、そのとおりに行動することにした。どうすればそんなふうに過ごせるかということに、意識を集中した。

病気のことはどうしようもない。だからせめて、望むとおりの日々が過ごせるよう、毎日を創り出したかった。

パイク・プレイス魚市場には、空気というか気持ちというか、エネルギーがある。出会った人たちや仲間の魚屋やジョニーのおかげで、ぼくはここにいたいと思うようになった。病欠の電話をしたときはつらかったし、結局五カ月のあいだここに来ることはなかった。代わりの人を二人雇わなくちゃならなくて、みんなを裏切ってるような気分だったな。ぼくのせいで、ふだんより長く働かなきゃならなくなった人もいた」

ジェレミーが化学療法の第三クールを終えると、医者たちは、一カ月待って、それからもう一度ＭＲＩ検査をしたいと言った。

そのあいだ、ジェレミーは働くことができなかった。血球数が少なかったり毎日変動したりしていたし、医者としては仕事でイライラすることを避けさせたかったのだった。ジェレミーは、筋萎縮を起こしていたため、運動を始める必要もあった。市場に復帰したときは、最初は半日働いて体力を回復し、フルタイムで仕事ができる日を楽しみにして待った。

「あの経験のなかでもう一つ学んだのは、強く念じる力のことだ。『負けるものか』と思うことで、力を得ることができるんだ。口に出して言ってみると、そのとおりのことが起きる。脳腫瘍のことでは、ぼくは最初からそういう思考の力を使ってた。『この病気を克服してみせるぞ』と言ってね」

すべてが順調に進んでいたが、一つだけ例外があった。化学療法から二五日が経ったとき、医者たちは腫瘍がきれいに消えていることを期待していたのだが、実際には元の大きさの四分の一までしか小さくならなかったのだった。

そのためジェレミーは、さらにもう一クール、化学療法に耐えることになった。彼は、化学療法に負けたりしないぞと自分に言い聞かせ、実際負けなかった——吐き気を催すことさえなかった。思うことそれ自体に、相当な効果があるのである。

「髪は全部抜けてしまった——年をとるにつれてどんなふうになるか、ちょっと見てみたかったんだけど(笑)。だけどシャワーを浴びたあと、鏡に映った自分の姿を見るとき、こう思うんだ、『髪の毛くらいが何だ』

大変なのは確かだよ。でも、それをどんなふうに経験するのか、自分に向かって言えたというのが、ぼくには幸いした。ガンと闘うことだけじゃなく、パイク・プレイス魚市場で『こういうことをしようと思うんだ』と口に出して言うと、自分がそのことに積極的に取り組んでいることを、チームのみんなが知ることになる。言ったことは守るほかなくなるから、そのことを実現できるようになるんだ。

奇妙に聞こえるかもしれないけど、ものごとを丸ごと自分のものにしていくことにはすごい力がある。ぼくは夜一時間か二時間眠るだけで、昼間はすっきりと目が覚めてる。実はね、『夜行性になろう。眠りを必要としない不眠症患者になろう』と自分に言い聞かせることにしたんだ（笑）。

まじめな話、ぼくは闘病のことを、いつかふり返ったときにその一部始終が誇らしく思えるような、人生のなかでも特に意義深い出来事にすることを選ぼうと思ってる。まともな神経を持つ人なら誰も、自分の身には起きてほしくないと思うだろうけど、起きてしまったときには、失うものばかりじゃないと知ることがとても重要だ。人生経験の意義深い一ページにできるかどうか。大切なのはそれなんだ」――**ジェレミー**

CATCH!

2

- 行動やふるまいは、目標の実現に積極的に取り組む姿勢から生まれる。
- 〈ふつうの人〉から〈人生の主人公〉へと変わるためには、意志に沿って行動できるようになる必要がある。
- 目標の実現に関して、意志を生み出し、積極的な姿勢を持ったら、結果に対する執着心を手放し、さまざまな可能性を生み出さなければならない。

3

チャンスを「キャッチ」せよ！

すべてはチャンスで成り立っている

パイク・プレイス魚市場の世界的に有名なメンバーである魚屋一人ひとりは、互いのすばらしさを認めあい、刺激しあっている。またチームとして、メンバーは毎日、顧客の人生に力強くポジティブな影響を与える機会を探している。

一人でも、人々の人生経験のしかたに影響をもたらすことはできる。しかしチームになると、影響をもたらすさまざまな可能性に道をひらくことになる。それが、魚屋たちが人々に積極的に関わる姿勢である。

魚市場ではすべての魚屋が、さまざまな瞬間に、対立したり口論したり、機嫌の悪い顧客に応対したり、仲間の魚屋とぶつかったりしてきている。そうした瞬間に、魚屋たちは、状況にどのように関わり経験しようと思うか、選択する機会を持つことになる。

結果は、その過程でした選択が必然的に引き起こすものとして現れる。ありがたいのは、あらゆる瞬間に、状況の方向性を変えるチャンスがあるということだ。そしてどんな状況も、そうした何百何千というチャンスから成っているのである。

クレームを受けたときこそ、リピーターを増やすチャンス

次に紹介するブッゲの話は、彼がサラという名の不機嫌な客に応対したときのものだ。話のなかには、状況はもっと別の方向に進んでいたかもしれないと思わせられる瞬間が何度かある。しかし、人々にポジティブな影響をもたらすことに積極的に取り組んでいるために、ブッゲはその状況を前向きで力強い経験にすることを選んだ。

彼の話を読みながら、〈責任はすべて自分にある〉という、魚屋たちの根本的な信念を思い出してほしい。その信念が、ブッゲの意志と積極的な姿勢とに結びついて、この状況の結果にどのように影響したか、見てみよう。

「ある日、ちょくちょくやってくる女の客が注文をして、頭の上を魚が飛んでいったんだけど、そのとき氷がちょっとその客にかかったんだ。ぼくが氷を払いのけていると、『これだ

から、こういうところには来たくないのよ』と彼女が言った。
ぼくは、『ぼくが働いているこの市場に、ってことか？』と思って、ムッとなった。彼女はこうも言った。『あなたたちはいつもそんなふうに大声を張りあげているけど、気にかけているのは観光客のことばかり。あたしたち地元の人間のことはどうなの』
ぼくはこう答えた。『あなたの言うようなことは、前にも聞いたことがある。そんなふうに感じている人が少なからずいるんだろう。だけど、はっきりさせておきたいと思うのは、ぼくたちが楽しい場を創り出しているってこと。だからみんな何度も足を運んでくれるんだ。地元の人であろうとなかろうと、ぼくたちはお客に、楽しいところだなと感じてもらいたい。もし何か不愉快なことがあるなら、どうか教えてほしい。あなたが楽しんでいるのかどうか、はっきり知りたいから。ぼくたちの間にある関係をこわすようなことは、何も起きてほしくない。たとえあなたの名前さえ知らないとしても……』
すると彼女が答えた、『名前はサラよ』ぼくは言った、『やあ、サラ。ぼくはダン。みんなにはブッゲって呼ばれているけどね』」

ブッゲがサラの言うとおりだと認めたとき、状況はもっと違った方向へ向かう可能性があった。ブッゲはこう考えることもできたのだ、「おれの知ったことか。あんたが買おうが買うまいが、おれは魚を売る。あんたが五ドル使ったところで、この市場が繁盛するわけでもつぶれるわけでもないんだ」しかしそれは、ブッゲの積極的に人々と関わる姿勢と相容れないし、パイク・プレイス魚市場のビジョンにも合っていない。

ブッゲはそんなふうに考えるのではなく、サラに対し、「あなたはいちばん大切なお客だ。あなたが週に一、二度来てサーモンを一ポンド買ってくれることは、一見客が三〇〇ドル買ってくれるより大事なことなんだ」と言った。

こうも言った、「市場に来たのに、人があふれていてカウンターのそばまで行けなかったら、脇へまわって声をかけてほしい」と。すぐに彼女に応対することを、ブッゲは約束したのだった。それは、望ましいとはいいがたい状況からどんな可能性が生まれうるかが示された瞬間だった。

「それから一カ月近く、彼女には会わなかった。言いたいことをうまく伝えられたのかよくわからなかったし、きっとどこかよその市場で魚を買ってるんだろうと思ってた。ところがある日、彼女がまた来て言ったんだ、『魚を買うとき、あんなふうに私に注意を払ってくれた人はあなたが初めてよ。突然来なくなってごめんなさい。あなたが言ってくれたことにどう対応したらいいのか、わからなかったの』ぼくは心の底から感動していた。サラはぼくに、関係が深まるには時間がかかる場合があることを教えてくれたし、ぼくはぼくで、彼女の人との接し方がこれまでとは違ったものになればいいなと考えていた。人にポジティブな影響をもたらすというのは、こういうことなんだ。

ぼくは否定的な状況からチャンスを創り出すことができるし、それができるとこのうえなくいい気持ちになれる。思いどおりに人に変化をもたらすことは、積極的に関わる姿勢を持つことで可能になる。楽しそうな顔をするだけじゃない。ぼくにその姿勢があったから、ちゃんと変化が起きたんだ」――ブッゲ

人にポジティブな影響をもたらそうという意志があるために、ブッゲは積極的に関わることに対していっそう責任を持つようになっている。魚屋たちも毎日、コーチングを通し

てほかの魚屋みんなを助けている。

すべてに一〇〇パーセント配慮できているとは限らないが、絶えず配慮しようとしたり互いにコーチングしたりすることによって、彼らはすばやく気づきを得る。そしてそのために、パイク・プレイス魚市場は抜群にすばらしい市場になっているのである！

心をひらいて何でも進んでしようとすることは、変革や新たなチャンスに直結している。チャンスは、さまざまな状況が有利に結びついたものとしても、発展や成長のよい機会としてもとらえることができるだろう。人々の人生に変化をもたらしたり喜びを生み出したりする可能性は、どんな場合にも必ずあるのだから。

パイク・プレイス魚市場は、楽しさや喜びが自然に生まれる職場だ。しかしそうした環境を創り出すため、魚屋たちは、〈責任はすべて自分にある〉というパイク・プレイス魚市場のビジョンを実現することに、一人ひとりが責任を引き受けているのである。

目標の期限を設ければ、チャンスがあらわれる

新たな可能性にみずからを解き放った瞬間、然るべき人々や状況やものが現れる。次に紹介するジェイソンの話は、この傾向を説明している。チャンスが一つ生まれたとたん、さらなるチャンスが現れはじめたのである。

詳しく語るなかでジェイソンは、ほぼ一年にわたってベース奏者が何度も変わっていたこと、一人に長くいてもらう必要性があったことも話している。

「ぼくのバンドは、ベース奏者を探してた。イメージどおりのバンドになってきていて、何とかしてベース奏者を一人見つけなければならなかったんだ。ただ、期限をちゃんと設けてた。新しいチャンスを生み出そうとしているとき、ぼくはその目標に関して期限を設けることにしてる。期限があると、大勢の人と話をすることになる。すると、期限を区切っていなかったら絶対現れなかったようなチャンスがやってくるんだ。

ぼくはバンドのみんなに『六月までにベース奏者を見つけよう（当時、六月まで三カ月あった）』と言ったんだけど、ある日、昔ベースを弾いていた幼なじみにばったり出会った。あんな偶然は、生み出そうと思って生み出せるものじゃないね」――**ジェイソン**

ジェイソンは幼なじみに、自分のバンドがベース奏者を探しているのだという話をした――どんな結果が待っているか、予想だにせずに。

バンドのメンバーには六月までに見つけようと言っていたため、その出会いをたいへんな偶然だと思ったという。見つかったと報告してもメンバーは本気にしなかったが、その言葉に偽りはなかった。ジェイソンの幼なじみは、六月より早く、セバーヘッドの新しいベース奏者になったのだった。

チャンスへの準備をしておこう

新たな可能性に心をひらくことによって、魚屋たちは、そうしなければ得られなかったかもしれないチャンスを生み出している。もし凡庸な人生を送っているなら、その人は、人生のなかで起きることを何でも受け入れ、まるでそれしか進む道がないかのようにそのことに対応してしまっているのである。

しかしながら、〈人生の主人公〉への道のりにおいて、魚屋たちは、思いきってとってみるべき道が無数にあることに気づいている。自分の人生に制限を加えるのは自分だけだ。新たな可能性に心をひらくなら、人生は実にわくわくしたものになる。チャンスはいつどんなときでも現れうるからである。

ライアンの場合は、大学野球でプレーするチャンスをずっと探していた。当時ライアンは高校生で、パイク・プレイス魚市場でアルバイトとして働いていた。大学野球でプレーすることは長年の目標であり、ライアンは、魚屋たちからさまざまな話を聞いたのち、自身の人生のなかで何を見出せるか、見きわめることにした。

「ものすごくうまいってわけじゃなかったけど、大学でプレーしてもそこそこいけるだろうと思ってた。それでミーティングのあと、みんなと母に、大学へ行って野球をするつもりだと話をした。そのときぼくは高校生で、大学に行けるかどうかわからなかった。大学に入るのに何が必要かも知らなかった。だけど、野球がしたいのは確かだった。

ぼくは一生懸命に勉強して、高校三年のときに大学進学の許可をもらい、野球チームにも入ることができた。勉強にも練習にも打ち込む必要があったけど、それだけの努力ができたのは、ひとつにはぼくに意欲的な姿勢があったからだった——それと、三年くらい前から、大学へ行って野球をするぞと自分に言い聞かせていたから。

どんなことがあったかと思ってふり返ってみても、よくわからないよ。目標へ到達するのに必要なことを、何でもやっただけだから。

それができたのは、大きな声で自分に言い聞かせていたからだ。『これはずっと待ち望んでいたチャンスだぞ。やれるだけのことをやったら、あとはなるようになるだろう』ってね。

合衆国の大統領になろうなんてことを自分に言い聞かせるのは違うよ。そんなことが起きないのはわかってる。ぼくは大統領になりたいなんて思ってないから(そりゃ、なれるものならなってみたいけど)。

ぼくは人生に——大学野球でプレーすることに、新しいものをどんどん取り入れていた。

そのときはいちいち意識してたわけじゃなかった。大学に入って野球をするのに何が必要かなんて、知りもしなかったし。ぼくは可能性に心をひらいていて、いつだってそれを実現させようと思っていた。禅の生き方にちょっと似てるかもね（笑）」――ライアン

新しい可能性を生み出し、その可能性の実現に積極的に取り組むと、道々現れるあらゆる障害を乗りこえられるようになる。根本にある意志が、そうした障害を切り抜けて進むための導き手になるからである。

魚屋たちは自分の意志を意識し、どんなチャンスが現れてもすぐに対応できるよう準備をしている。するとやがて、一つあるいは複数の道が現れる。

みなさんも、〈人生の主人公〉への道のりにおいては、現れるどんなチャンスに対しても積極的に心をひらいておくといいだろう。

魚屋たちは私生活でも仕事場でも、うまくチャンスをとらえられるようになっている。もし経験していることを好ましく思わなかったり、チャンスに対して心をひらいていなかったら、仕事場でこれぞという機会がめぐってきたときでも、誰かほかの人がそれに気

づいてしまうだろう。人々のなかには、そういう姿勢でずっと仕事に取り組んできて、結果としてきわめて凡庸な人生を送っている人もいるのである。

新しいチャンスを生み出すためには、態度が持っている力を知っておく必要がある。魚屋たちは自分のためにチャンスを生み出すことを選んでいる。自分のとる態度は、みずからを支持するか、みずからに制約を加えるかのどちらかであることを認識しているのである。

ライアンは、自分でも言っていたように、大学野球で活躍するチャンスをどうすれば創れるのか、知ってはいなかった。彼はただ、大学野球でプレーするチャンスに対して心をひらいていて、そのため、現れた瞬間そのチャンスをつかむことができたのである。

目の前のチャンスを見逃すな！

次のジャスティンの話には、新しい可能性に心をひらくとはどういうことかが示されている。

ジャスティンは、パイク・プレイス魚市場で一三年近く仕事をするなかで、平凡な仕事をするつもりで入ってきた新米の魚屋のうちどれほど多くの人が、最終的にもっと力強い生き方をするようになったか、その目で見てきた。

彼は、新しいものに心をひらいている新米の魚屋と、そうでない魚屋との違いに気づいている。

また、魚市場の人々(仕事仲間と客)が、支持される場所――生き生きと輝くことができ、選択の余地のある場所――にいたいと思っていることにも気づいている。

「新しく入った魚屋というのは、最初は、ここがどういうところなのか全然わかってない。楽しそうなことしか見えてなくて、すぐにかなりのショックを受けることになるんだ。思っていたのとだいぶ違うから、予想外のものを快く受け入れる気がなければ反抗的になるだろうね。でもたいていの人は、現れるどんなチャンスに対しても心をひらくようになるよ」

新しく入った魚屋は、自分らしくある自由がほしいと思うが、同時に、パイク・プレイス魚市場で学ぶことがうまくできるようになりたいとも思う。それはジャスティンが望んでいることでもある――社員番号四二八番とか経理部の誰それであるよりむしろ、仕事をして楽しい気分になりたいのである。

パイク・プレイス魚市場では選択がすべてだ。魚屋一人ひとりが、あらゆる瞬間にあらゆる問題について選択をすることができる。また、選択しないとしても、それはそれでその人の選択である。

ジャスティンはこう思っている。多くの人が、人生を今とは違ったものにできることに気づいていない。それに、ものごとが起きる過程や理由にとらわれ、目の前にあるものを見るのをやめてしまっているために、おびただしい数のチャンスが脇をすり抜けてしまっていることにも気づいていない、と。

「たとえば今朝七時のこと、観光バスが魚市場のそばをものすごくゆっくり通りすぎようとしていた。それでぼくは、バスのすぐ横まで走っていって、窓のそばでサーモンを宙へ放り投げた（笑）。喜んでもらえるにちがいないと思ったんだ。

ぼくは、目の前にあるちょっとしたものから、そんなふうに一瞬でチャンスを生み出すことができる。サーモンを宙に投げるのは、その瞬間ぼくに見えたチャンスだったんだ。楽しく仕事をするためにどんなことをしているのかと尋ねられると、ぼくは、その瞬間にあるチャンスに意識を向けることだと言っている。

もし意識を向けていなかったら、ぼくには、バスに乗っている人たちをにっこりさせるチャンスはおろか、バスが通りすぎるのさえ見えなかっただろう。チャンスを見逃していたはずだってこと。自分がどこにいてどんなチャンスが近づいてきているか注意を払っていないと、ついチャンスを逃してしまうんだ。

ぼくが魚市場で経験していることは、社風や体制にかかわらずどんな会社でも経験することができる。なぜって、それは真似すべきひな形ではなく、どういう姿勢を持っておくべきかということだからだ。誰にとっても、大切なのは、すぐ目の前にあるチャンスに気づくことなんだ」——**ジャスティン**

魚屋たちが新たな可能性に対してつねに心をひらいているために思ってもみなかった扉がいくつもひらかれてきた。

また、どんなときもチャンスに意識を向けていることで、世界がパイク・プレイス魚市場のために広がってきた。

さらには、魚屋たちにも説明のつかない方法で、いろいろなことがうまく運んできた。魚屋たちは、ものごとが起きる過程や理由を知ろうとすることに時間を費やすのではなく、起きるどんなことからもチャンスを見出せるようになっているのである。

チャンスは〈今〉見つかる

魚屋たちは、〈人々にポジティブな影響をもたらすという意志〉や〈意欲的に関わりあう姿勢〉を示すチャンスを探しながら、日々の仕事をこなしている。そういうチャンスを探すときには、未知の未来の真価をしっかり認めることが必要になる。

魚屋たちは、すべての瞬間が新しいことを認識しているため、未来のなかに足を踏み入れれば同時に過去から解放されることを知っている。それは、過去を忘れるということではなく、過去にした経験にはすばらしい価値があるということだ。もっと正確にいうなら、未来へ足を踏み入れ過去から解き放たれるというのは単に、〈現在〉に強く意識を向けることなのである。

大切なのは、自分の今の姿を決めるのは、過去ではなく自分を待ち受けているチャンスだということだ。魚屋たちは一人ひとりが、個人的な意志とチームとしての意志を示すチャンスに気づくことによって、世界的に有名なパイク・プレイス魚市場を存在させているのである。

彼らは、一瞬前には存在しなかった新たなチャンスと絶えず向きあっている。そして、そうしたチャンスを通じて人々にポジティブな影響をもたらすことによって、〈主人公〉ぞろいの職場を生み出している。もしチャンスに注意を向けないことを選ぶなら、人生のなかに現れようとしている無限の可能性を、知らぬ間に制限することになる。

魚屋たちは、そうした可能性をあらゆる瞬間——あらゆる〈今〉——に見つけられるようになっているのである。

もしかしたらあなたは今、「それは確かにそうだけれども、人生にはいろいろあるし、ときには望まないことだって起きる」と思っているかもしれない。

望まないことは、むろん起きる。しかしながら、予想も望みもしていなかった出来事に直面しているときでさえ、選択することは可能だ。

その出来事が起きるかどうかという点は選べないとしても、その出来事からヒントをもらい、もっと力強くすばらしい自己へと導いてもらうことは選ぶことができる。すなわち、出来事に内在する新たなチャンスを積極的に探すこともできれば、不満に思ったり怒ったり憤慨したり傷ついたりして、出来事や感情が自分のパワーを奪っていくがままにさせておくこともできるのである。

力の及ばない状況にあるときでさえ、何もできないわけではない。そういうとき、魚屋たちは別の選択をする。自分の意志は何かと問いかける。あるいは、成功も失敗も運命のしわざだとして、否定的な状況を打ち捨てておくこともできる。

成功は、自分の考えや言葉や選択や行動から生み出すものだ。

チャンスに心をひらいていれば、きっと新しい世界に導かれる。あなたも、あなたを待っているチャンスを探してみよう。

いつも楽しく過ごすと、チャンスにつながる

本章の最後に紹介するのはダグの話だ。ダグは、フルタイムでパイク・プレイス魚市場の仕事をこなしながら、大学と大学院に通い、そのうえ子供五人を含む家族を養っていた。今でも、スケジュールが合うときはパイク・プレイス魚市場でパートタイムで働いているが、フルタイムの仕事としては高校で教師をしている。

ダグは、チャンスにしっかり目を向けられるようになったことで、自分の行動に対しても、経験するかもしれないどんな状況に対しても、責任を引き受けられるようになったという。直面している障害がどれほど大きくても、ダグはチャンスに心をひらいているために、力強い生き方へと導かれてきたのだった。

妻が多発性硬化症（MS）を患っているため、ダグの家族は膨大な時間を医者のオフィスで過ごしている。

ダグの意志は、たとえMSが不治の病だとしても、明るい雰囲気を創り出すことだ。い

つどんなときも楽しく過ごすこと。それがＭＳに向きあいながらダグがつねに探している新たなチャンスなのである。

「それほどたいへんなことなんて、実際何もないね。ぼくの家族は深刻な病気と向きあってる。妻が多発性硬化症（ＭＳ）なんだけど、ぼくはいつも診察の時間を楽しいものにしているんだ。

誰だって、医者になんかかかりたくないし、治療だって受けたくない。だからその時間を、妻にとっても子供たちにとっても楽しい時間にしようと思うんだ。ＭＳはぼくたち家族にとって、飛躍のための大きなステップになると思う。そして、子供たちにとっては、人を思いやるとはどういうことかを知る機会になると思うんだ。

そのためのぼくの意志は、どんな瞬間にも妻に楽しく過ごしてもらうこと。ＭＳを患っていると、めまいがするから、どこにいてもなかなか楽しい気分でいることができない。それでぼくは、家族が健康でいられるように心がけている。健康であれば、幸せがやってくるから。

ぼくたち家族がいっしょにいるところを見たら、幸せだってわかるはずだよ。ほかの家族と、何も違わない。夜には歯をみがくし、決まった時間に寝るし、牛乳を飲むし、野菜も食べる。ただ、ぼくたちはそれを楽しんでやっているんだ。

パイク・プレイス魚市場では、簡単に楽しく過ごすことができる。そのチャンスはいたるところにあるからね。どんなものも、想定した程度に深刻になると思うけど、妻はぼくのおかげで幸せだと言ってくれている。ぼくの考え方すべてに賛成してるわけじゃないけど、ぼくの姿勢からいろんなものをつかみとってるんだ。

ぼくたちはちょっとした冗談を言ったりもする。『何ですって？　ディナーに遅れるなんて、ですって？　私、MSなのよ⁉』つけを払うのが遅れたときなら、『だからさ、妻がMSなんだ。わかってないな』

妻は笑ってる。なんだかどんな間違ったことでもできてしまいそうだけど、いいんだ。ぼくたちはただ、笑って楽しく過ごす必要があるっていうだけだから」

ダグの家族は、現れるすべての新しいチャンスに対して心をひらけるようになっている。ずっと西洋の薬を使ってきたダグが、東洋の薬の効果に積極的な期待をするようになっているのも、その一例だろう。ダグの妻は、さまざまな効能のある鍼《はり》治療を受けている。

「鍼治療は、ぼくたちにとって未知の治療法だ。考えたこともなかった変化球だよ。ふつう、誰が考えるだろう？

どうかしてると思われるかもしれないけど、自分か家族の誰かがMSにかかっていたら、治療を楽しいものに変えるほかなくなる。病気をうまく利用して、楽しい時間を過ごすんだ。ぼくたちは前よりよく食べるようになったし、新しい料理をいろいろ作って楽しんでる。家族みんなにとってのこの経験の意味を――今から二〇年後も大切に思えるだろう意味を、今ぼくは創り出しているんだ。

これまでの人生では、こんな選択をしたことはなかった。でも、こういうことになった以上、ぼくたちは、つらく悲しい思い出をつくるという選択をすることもできるし、人生における大きな飛躍の機会にして、ふり返ったときにすばらしいと思える思い出をつくることもできる。

選択しだいで、今より楽しくなることができるんだよ」――**ダグ**

新たなチャンスは、どのようなレベルでも生まれうる。スケールの大きなところでは、ジョン・F・ケネディ大統領が一九六〇年代末までに人類の月面着陸を果たすと宣言したとき、アメリカ合衆国はとてつもなく大きなチャンスを目の前にしたといえるだろう。

とはいえ、宇宙船を月面に着陸させることは、大統領が宣言をした一九六一年当時の推進力や航空技術や生命維持システムでは、実現は不可能だった。このチャンスがどんなふうに広がっていくのか、人類を月に立たせるという当初の意志からどのような新しい技術が生まれるのか、誰一人わかる者はなかった。

しかしながら、ケネディが宣言したことによって、もし宣言しなかったら生まれなかったかもしれない数々の創造的なチャンスが生まれた。この巨大なチャンスを支えるためになされた多くの人々の活動によって、機材や技術や科学における新たな進歩が生み出されたのである。

意志は未来の状況のなかに存在し、未来はやはり未来をさまざまな方法で創りつづけている。

魚屋たちはあらゆる瞬間に自分の未来を変化させ、そしてあらゆる瞬間が魚屋たちに、さまざまなチャンスを生み出すための選択肢を与えているのである。

人生の流れに意識的に影響を及ぼせるのは自分だけだ。ほかの人や何らかの状況と関わるたび、新たなチャンスが生まれる可能性があるのである。

CATCH!

3

●チャンスとは、さまざまな状況が有利に結びついたもの、あるいは発展や成長のよい機会のことである。

●あらゆる瞬間に状況を変えるチャンスがあり、そうしたチャンスはどのような状況のなかにも数限りなくある。

●凡庸な人生においては、私たちは起きたことを何でもただ単に受け入れ、まるで進むべき道がそれしかないかのように対応する。しかしながら、〈人生の主人公〉になるためには、おもいきって選んでみるべき道が無限にあることを認識する必要がある。

●今の自分がどういう人間かを決めるのは、過去ではなく、自分を待ち受けているチャンスである。

4

前向きな考えを「キャッチ」せよ！

〈考え方〉とは自分に対する話のしかた

魚屋たちの考えや言葉や行動には、世の中や自分の現実に対する彼らの見方が反映されている。魚屋は、言葉を手段にして、自分を顧客や仲間に結びつけている。ふつう言葉は、他人とコミュニケーションを図るための道具としか考えられないが、実はもっと強力に、考える過程を通して、自分を自分が向き合う現実に結びつけているのである。

〈考え方〉とは、自分に対する話のしかたのことである。考える過程というのは、ちょっとした情報をほかの情報へと加工することだ。

それは、いうなれば内なるフィードバック・システムのようなものであり、自信や意欲や自負心、心構え、達成感といったものは、精神的な部分が基礎になって、個人が自分で管理していくことになる。内なるフィードバック・システムとどのように結びつくか、それは考え方によって決まる。

〈考え方〉の概念に関しては、パイク・プレイス魚市場もほかの組織と何も違わない。違うのは、ありきたりな作業や肉体労働とともにある考え方に意識が向けられている点だ。

魚屋たちは、自分の考えや意見こそが、人生のあらゆる事柄に対して自分がどう対応するかを決めるのだということに、さらには、自分が他人をどう見るか、他人が自分をどう見ていると自分が考えるかを決めるのだということに、気づいている。

考えや言葉というものは、変化や、あらゆるチャンスや、変化とともにやってくる困難をどう見るかを決定するのである。

まず自分の考え方を意識しよう

言葉に意識を向けることで、魚屋たちは、〈ふつうの人〉から〈人生の主人公〉へと自分を改革するチャンスに対して前向きな姿勢を持つようになっている。

次に紹介するアンダースの話は、職場での経験の質を一新すべく、考え方を変える効果について説明している。

パイク・プレイス魚市場で働きはじめたころ、アンダースはみんなといっしょにいると、気づまりや批判されているような感じを覚えていた。しかし彼は、そうした感情はすべて自分の思い込みにすぎないことに気がついた。

考えを変えられると気づいたことで、経験の質も変わった。

言葉や考えが持つ力に気づいたことは、アンダースがさまざまな問題に対してより効果的に対処するのに役立っている。考え方を変えることができたのは、自分の考えや言葉に対して責任を引き受けているためだ。

「以前はよく、批判されているような感覚を覚えていた――でも、その感覚は全部、ぼくが頭のなかで作り出したものだった。

たとえば、カウンターで仕事をしているときなら、ぼくを見ている人たちは、ぼくのあらを探してるんじゃないかと思ってた。へまをしたらどうしようと思って、怖かったな。ほんとは、みんな魚市場の前に立って、ぶらぶらしていただけ。それ以外のことは、ぼくが自分を守るためにしていた勝手な思い込み。それと、不安だった。

そんな状態を変化させられたのは、考えはいつでも変えることができると気づいたためだ。

自分が考えていることは何でも、実際に起きることになる。びくびくしたり批判されていると思っていると、周囲にいる人たちもそういうぼくを見るようになるんだ。でも今では、市場で人と接しているとき、本来のぼくじゃいられなくなるような考えを持つことなく、こうありたいと思う自分（being）でいられるようになった。

おかげですっかり人生が変わった。ぼくはずっと、人前で話をするのが怖くてたまらなかった。大学でスピーチをすることさえ、ままならなかった。それが今じゃ、数千人の人の前で話をするときでもリラックスしていられる。

ぼくにとってbeingの意味は大きいね。それは自分らしさであり、頭のなかにある考えなんだ。

あれこれいらないことを考えていると、そういう雰囲気を生み出すことになる。リラックスして楽しんでいれば、それが人にも見えるようになる。そして同じようになりたいと思う。それが、市場にいるぼくたちのなかにみんなが見ているもの、みんなをここに引き寄せているものだ。

こんなふうにして、みんなにいい影響をもたらすことに協力して取り組んでいるために、ぼくたちは職場にポジティブなエネルギーをたくさん生み出しているんだ」

魚市場で働く前に、アンダースは同様の考え方について何冊か本を読んでいたが、パイク・プレイス魚市場はそうした考えを実際に生かす方法を教えてくれたのだった。

アンダースは、さまざまな自己啓発書を読んだり個人として経験を積むなかで、〈拒まず受け入れる〉ことについて学んだ。そうした姿勢が自己変革の方法であることを知っているため、自分の考えと違うというだけで、彼が他人の考えをはねつけることはない。アンダースにとって納得のいくさまざまな考えはつねに彼とともにあり、やがてそうした考えすべてが〈アンダース〉という人間になっていった。

「自分の考え方にしっかりと意識を向けられるようになったことは、問題に対処するときにも役立っている。

こんなふうに思っていたことがあった。『ぼくはただ魚を売って、お客としゃべりたいだけだ。目を皿のようにして、ぼくが何かへまをするのを待っている人たちには、もううんざりだ』

その晩、大きなミーティングがあって、ぼくはその考えを話すことができた。仲間のみんなと考えを分かちあえたことで、それからは経験の中身がすっかり変わり、ぼくはまた楽しんで仕事ができるようになった。

自分がどんなことを考えているかずいぶん意識できるようになったけど、それでもまだ、進歩をさまたげるネガティブな考えを持つことがある。

思うに、ほんとうの意味で考えを意識できるようになるというのは、考えたことによって挫折しないようにするってことじゃないかな。ときにネガティブな考えを持つのは人間ならあたりまえだし、大切なのは、そういう考えを減らしたり、できるだけ早くプラスの方向へ変えることなんだ。

何気ない言葉や日常の会話でさえ、ぼくに力をもたらしてくれたり、ぼくの人生から力を奪っていったりする。

たとえば、昨日空港へ行こうとして渋滞に巻き込まれたとき、昔のぼくならイライラしていたはずだってことに気がついた。でも今はもう、いらだったりしない。今ある状況に逆らわないことを学んだんだ。だって、それが今自分がいる状況なんだから。イライラしたからって、渋滞が解消されるわけじゃない。いらだてば人生の一部を無駄にするだけのこと。交通渋滞なんかに力をくれてやったって、何の価値もない。そういうことは今のぼくにとって、どうでもいいことなんだ」――**アンダース**

私たちはみな、絶えず考えつづけている――目覚めているときは意識的に、眠っているときは夢を通して。

自分の考え方はさまざまに扱うことができるが、魚屋たちは、考えを完璧に変える力が自分にあることに気づいている。もっとも、どう変えればいいかを知るためには、自分の考えがどういうものかをまず知る必要があった。そうしていったんさまざまな事柄についての自分の考え方に気づくと、自己を変える可能性が一気にふくらんでいった。

しかしながら、ときには魚屋たちも、自分の考え方にひどく執着してしまい（彼らの言葉を借りれば、〈釣り針に引っかかった〉状態だ）、自分の考えに賛同するようほかの人に強要しようとすることがあるかもしれない。いつのまにか、自分の考えが正しいことを証明する方法を探していた、などということもきっとあるだろう。

しかし、〈ふつうの人〉から〈人生の主人公〉へと変わるためには、魚屋たちは自分の考え方に気づき、変えなければならないのである。

もし考え方についてこれまでしっかりと考えたことがないなら、ぜひご一考を。考え方を意識できるようになれば、人生ががらりと変わる。考え方が持っている力や、自分が使っている言葉や、考え方によって行動や経験がどんなふうに後押しされるかといったことを認識すると、自分の考えが確実に聞こえるようになるのである。

自分の考えを意識できると、相手の考えもわかる

魚屋たちは自分自身の考え方を以前よりしっかり意識するようになっているため、ほかの人々の考え方も認識できるようになっている。人間は言葉を通して他人の考えとつながっているからである。ほかの人が人生についてネガティブな考えを話しているのに気づくと、魚屋たちはその考えを表面に引っぱり出して、新たなもっと力強い考えを提供する機

会を探し出す。このことは、次のラッセルの話のなかで取り上げられている。

「米国教育・開発協会（ASTD）の二〇〇一年大会に、ぼくはパイク・プレイス魚市場を代表して参加していた。そのとき、老紳士とその奥さんが近づいてきて、『あんたは？』と聞いてきた。ぼくは、『シアトルのパイク・プレイス魚市場の者です』と答え、ぼくたちの仕事のことや訪れる人たちがどんなふうに人生最大の飛躍的な進歩を遂げているかといったことを話した。

するとと老紳士が、『それは娘婿にとって役に立つ話かもしれない。私は、どうも彼のことが好きになれなくてね』と言った。ぼくは、『義理の息子さんのことを少し話してほしい』と答えた。パイク・プレイス魚市場で働いて〈責任はすべて自分にある〉ことを知ってからというもの、誰かの考えのなかに〈責任は向こうにある〉という含みがあると、ビビビッとくるようになったんだ。

その人は、娘婿は娘のことを大切にしていないと思っていた。娘にとって理想的な相手ではないというわけだ。その人が話し終えると、ぼくは『あなたの考え方が、義理の息子さんに対する、あなたにとっての現実を生み出しているんですよ』と言った。そして、『義理の息子さんに対して持っているそういう考え方を、娘さんのためにすっぱり捨てる気はありませんか』と尋ねた。『娘さんを信じることが必要です。娘さんはいっしょにいたいと思う人といっしょにいるんですよ』とも言った。

それから、義理の息子が非常にすばらしい人だとしたらどうだろうということについて話し合った。

突然、ぼくの目の前で彼は変わった。完璧に、悟ったんだ。何がきっかけだったのか正確なところはわからないけど、とにかく彼が変わったのがわかった。

『帰ったら義理の息子さんに電話してくださいね』と言ったら、『ぜひそうする』って。ぼくにずいぶんお礼を言ってたよ。ぼくたちのブースを出もしないうちから、娘婿との関係が変わったんだから。彼と奥さんには意義深い経験だっただろうけど、ぼくにとってもとても有意義な経験だった。

道を知っていることと実際に歩むこととは違う。ぼくにしたって、考えに制約されているとどうなるか、ずっと検討してきたしね。

ぼくたちは、自分たちがうまくできたことと、考えに制約されている人たちの話からどんなふうに取り組めばよさそうかをよく見ながら、みんなに変化をもたらしつづけているんだ」

――ラッセル

魚屋たちは、独創的な言葉や方法を編み出して、仲間に今どんな考え方をしているか気づかせてきた。また、自分自身が自己の考え方をしっかり意識するようになることで、誰かがネガティブになっているとすぐに気がつくようにもなった。

魚屋の一人がネガティブな考え方にとらわれてしまったとしても、そのことに気づかせる方法を、仲間の魚屋たちはいくつも持っている。

たとえば、彼らのうちの誰かが「ズズズズズ」という音を立てているのが聞こえることがあるだろう――音を立てつつ、ふんぞり返って、見えない釣り糸を垂らし、かかった大きな魚をリールで引き寄せるふりをする。あるいは、ほおの内側に釣り針が引っかかっているジェスチャーをすることもある。

相手の言葉に耳を傾けよう

使う言葉を変えることは、事実上、考えを変えるということだ。ブッゲは、考え方がどんなふうに人間関係に影響をもたらしたかということについて話をしている。

パイク・プレイス魚市場で働くようになる前は、彼は世の中は自分と相容れないと考えていた。つねに〈正しく〉なければならないと思っていたせいで、もっとポジティブで力強い経験ができなかったのだった。

しかし、自分が使っている言葉や思考プロセスをしっかりと意識できるようになったため、彼はほかの人たちと以前よりはるかによい関わりを持てるようになった。

「自分には幸運なんてつかめっこないと思ってた。チャンスへの糸口さえつかめなかったし、よく心のなかでこう思ってた。『見ろ、まただ。おまえのせいだぞ』ぼくは人生のなかの状況にただ応じて生きていたし、自分が人生を創り出すんじゃなく、人生にぼくという人間が創り出されていた。

そういうことをいつも考えてたわけじゃない。だけど、どうすればできるだけ努力しないで前へ進むことができるだろうって思ってた。

それがぼくという人間だった。ぼくは人生の犠牲者で、ものごとはただぼくの身に起きてた。受け身でむら気で、いつも何か悪いことが身に降りかかるんじゃないかって思ってた。その状態を抜け出してもっと違ったふうになれるなんて、思いもしなかった。

パイク・プレイス魚市場で働きはじめたころは、新しい考え方にことごとく抵抗していた――まさかと思うかもしれないけど。誰かに『こうしたほうがいい』と言われると、うなずいて『ああ、わかった、わかったよ』と答える。だけど心のなかではこう言ってるんだ、『意見を合わせておけば波風が立たないからな。けど、一人になったら、自分のやり方でやらせてもらう』

コーチングにも人の話に耳を傾けることにもチャンスを探すことにも、ずっと反抗してた。自分のことをネガティブな人間だとも思ってた。みんながそういうふうに見ていたかどうかわからないけど、ぼくはいつもそういう思いでいた。信じられるかい?

ぼくをここから離れさせなかったのは、人だ。いっしょに働いているみんなのことは大好きだったし、世間の人にちやほやされるのも気に入っていた。簡単に名声を手に入れたしね。実際、ぼくはとんでもない魚屋だったんだ（笑）。

その後、あるミーティングへジャスティンといっしょに向かっていたとき、ぼくは言った。『こんなミーティングなんか、くそ食らえだ。時間の無駄だ。どこか別なところへ行きたいよ』するとジャスティンが言った、『仕事のなかの何かを打ち込んでやってみろよ』ぼくは言った、『ごめんだね。楽しんで仕事したいんだ』そしたらジャスティンは言った、『じゃあ、私生活のなかの何かに打ち込んでみたら』ぼくは、それまでの一年半のことを考えてみた。だけど、相手の言いなりになるみたいなのがいやで、時間を割いて打ち込むものなんて、ちっとも見つけたいと思わなかった。

一応、打ち込んで取り組むものを一つ見つけてみることにしたんだけど、それは耳を傾けること――話の聞き方――に関することだった。

今にして思えば、それはとてつもなく大きな、最初の一歩だった。自分としてはちゃんと聞いているつもりだったから、なかなかうまく聞けなくて、長いこと苦労したよ。相手が話しているあいだ、ぼくの頭のなかではものすごい数の返事が駆けめぐってるんだ。

よくこう考えてた、『何と言って反論することができるだろう』こうも思った、『忘れるな、忘れるんじゃないぞ』返事として何と言うか忘れるなというわけだ。気持ちばかり先走っていて、自分が話すべきときじゃないのにすぐ口をはさんで『これでいい。それは違う』などと言ったものだった。でも気づいたんだ。どんなふうに人の話を聞くか、そして、聞いているあいだにどんな考えを持つか、その点に自分が責任を負っていることに。

今では、相手の話に耳を傾けられるし、相手の言っていることがちゃんと聞こえているし、自分の考えを差しはさむ必要もなくなった。わからないときは『わからない』と言うべきだし、相手が考えていることについて勝手に考えをつけ加えちゃいけないんだ。今は、相手が話しているとき、雑念はない。おかげで、単なる会話から、ふつうよりたくさんのものを得られるようになったよ」――ブッゲ

言葉と考え方しだいで、困難は乗りこえられる

魚屋たちは、状況に対する経験を言葉が反映することを知っている。望んだわけではな

い状況に直面することになったときには、言葉や状況についての考え方を変えることによって、その状況に対する経験を変えられることを知っているのである。

次に紹介するダグの話には、人生のなかでいくつかの状況が起きたとき、それに対する経験には自分の望む意味を与えられることが示されている。これは、〈人生の主人公〉であることの、すばらしい例といえるだろう。

「市場で働きはじめたとき、ぼくは一八歳で、大学に入ったばかりだった。いろいろあったよ。病気にもなったし、車の事故にも遭ったし、ガールフレンドは妊娠しちゃうし。〈ガールフレンド〉なんて、変な感じだな。結婚してもう八年だから。

大学に戻って、ぼくは魚市場での収入で家族を養いつづけた。数学と、副専攻はスペイン語で、準学士号をとり、学士号もとった。その間、ぼくたち夫婦にはさらに二人子供ができた。学士号をとるまでに、ぼくは三人の娘を持つ父親になっていたんだ！　みんなには、『ダグには息子がつくれない』ってよくからかわれた。言ってくれるよな（笑）。おかげで意地でも息子をつくらなきゃならなくなった」

一年後、ダグは教育学で修士課程を終え、教員免許状を取得し、シアトル南部にあるケネディ高校でバスケットボールを指導し、パイク・プレイス魚市場で稼いだ給料で家族を養いつづけた。今では、学校教育を終え、家を持ち、妻とのあいだに二人の男の子をもうけている。

「ぼくはずっと、すべての状況に意味を与えつづけていた。多くの人に遠回しに言われたよ。『大学には戻れっこないよ。働いて、生活費を稼いで、家族を養わなきゃならないんだから』って。でもぼくは、生活費を稼ぐことと大学に通うことは両立できると思ってた。自分がどうしたいか、よくわかってたから。

少しでも多く稼ぐために、ぼくは五年のあいだ、仕事が終わってから、地元のホテルまで注文を受けた商品を運んでいた。魚の入った箱を車に山積みにしていると、妻と子供たちはよく市場を歩きまわってた。要は楽しめるかどうかの問題なんだ。ぼくは、〈ふつう〉をよしとするほかの人たちにとっての意味に、振りまわされることはなかった。

ぼくは最後までその姿勢を貫いた。経験の意味はぼくが望んだとおりのものになるはずだと思ったし、ポジティブなものに――人生をつねに前へ向かって進んでいくものにしたいと思っていた。完璧でないように思えるときでも、完璧にするチャンスはつねにある。パイク・プレイス魚市場は、単に仕事をこなして稼ぐだけの場所じゃない。どんな仕事をしていようと、ぼくは質の高い人生を送っていきたいと思うね」――**ダグ**

言葉や考え方を意識することは、パイク・プレイス魚市場を今のような市場にするうえで、きわめて重要な役割を果たしている。魚屋たちは、言葉を使って、何を経験するか選んでいる。使う言葉にきわめて意識的に注意を払うことによって、自分の考えや言葉や行動に対する個人の責任を、日々の経験のなかできちんと果たしているのである。

言葉は医者の診断結果さえ変える

次のデイブの話を読むと、彼もまた、経験したいことを、ただ口にすることによって、生み出していることがわかるだろう。

「卒業まであと半年というときに、大腸菌に感染していると診断された。医者たちは、病状は深刻で、一年間入院しなければならず、予定どおりに大学を卒業することはできないだろうと言った。したいことも満足にできないし、元の体に戻ることも難しいし、うまく歩くこともできなくなるかもしれないということだった。

でも、パイク・プレイス魚市場の考え方が――つまり、他人が言っていることをうのみにするのではなく、自分が考えていることを尊重し、ものごとにどう進んでもらいたいと思うかを選び、そのように進ませるという考え方が、ぼくにとってほんとうに強力に働いた。市場で学んだことを思い出して、ぼくは医者とは違ったふうに考え、病気に対してよりよい結果を生み出そうと心に決めたんだ。

大腸菌感染は確かに大変なことだけど、言葉が力を持っていることを知ると――つまり、自分に向かって言う言葉が自分の経験になるということを知ると、言葉どおりの現実が実現するようになる。実現することを信じて、自分の言っていることに価値をおくと、その言葉がほんとうになるんだ。

ぼくは、魚市場で教わったbeing（どうありたいか）を行動に移して、たった一カ月で退院した。何が何でも六月に卒業しようと思ったし、市場で働こうとも思った。医者たちの言葉が頭をよぎったときはこう考えた。『ぼくが何をして、何をしないか、いちいち言わないでくれ。ぼくの人生を創り出しているのは、このぼくなんだから』

自分が病気になったことがそもそも変だと思ったけど、医者たちが言ったことを聞いたときはもっと変だと思った。患者に診断を下すとき医者は何を根拠にそう言うんだろうと思ったし、患者はどうして診断結果を変える力が自分にあることを知らないんだろうと思った。

どういう現実を自分が望むか、その方向を変えることによって運命を変えられたことは、ぼくにとってほんとうに意義ある経験だった。それは、人生のほかの多くのことについてもいえることだった。

パイク・プレイス魚市場にいると、自分の向き合う現実を、それと気づかないうちに自分自身がつねに創り出していることがわかるようになる。そしてそのことに気づくと、すごい力が発揮されるようになる。勉強でも仕事でも人生のどんなことでも、ぼくたちはそれをいい経験にすることもできれば悪い経験にすることもできる。もちろん、いい経験にすることを選んだほうが、わくわくするけどね」――デイブ

考え方が現実をつくる

ものごとについての考え方を変えはじめると、他人との会話も変わりはじめることに、魚屋たちは気がついた。ほんとうに変わるのか、それとも、実際には今までどおりの会話がくり返されるのかはわからない。

いずれにせよ、魚屋たちは結果的に、新たなチャンスや新たな可能性といった新しいものを生み出す力が、生まれながらに自分に備わっていることに気がついた。バイソンは自分の経験を語っている。

「（しばらく別の職場で働いて）パイク・プレイス魚市場に戻ってきたとき、ぼくはみんな昔のぼくをイメージしているにちがいないと思った。ぼくがいろいろへまをするのを待ってる、と

いうか期待してるんじゃないかと思ったんだ。何かと失敗するのが、ぼくだったから。〈熊《ベア》〉にサーモンを投げてもらうときも、『ぼくがつかみ損ねると思ってるだろうな』なんて考えてた。

このことをある日アンダースに話したら、彼は言った。『あのさ、そういう現実をつくっているのはおそらく自分自身だよ。責任は、相手じゃなく自分にあるんだ』

その後ぼくは、自分の考えに対する責任は相手じゃなく自分にあるということについて、もっと意識して考えた。そして、ぼくに対するみんなの意見を変えたことで認められた《アクノレッジされた》。それはとてつもなく大きな前進だった。

自分の考えにとらわれて、見えなくなっているものがたくさんあった。何もかもが自分の肩にのしかかってるみたいだったし、考えていることをみんなにわかってもらうのは楽じゃなかった。

だけど、考えは変えられるし、同じ考えを持ちつづける必要はないんだってことを知るのは、とても励みになる。自分は昔の自分じゃないし、ほかの人もぼくを昔のぼくだと思ってないってことがわかるのは、気分がいいね。とどのつまり、今の自分や職場や家でしていることに気分よくいられないなら、おそらく自分の考えを変えたほうがいいってことなんだ」

考えに意識を向けられるようになると、今ある自分の姿も確実に変わってくる。バイソンが変わったのは、自分の考えに責任を持たなければならないこと〈責任はすべて自分にある〉こと）に気づいた結果なのである。

バイソンの話のなかで、〈認められる〉《アクノレッジされる》という言葉が使われていることにお気づきだろうか。これは、隔週に行われるミーティングの最後の時間のことを指している。この時間に、すべての魚屋は、仲間の魚屋がしたことでその魚屋を認める機会と、仲間の魚屋に認められる機会とを持つのである。

優れた聞き手であることで認められることもあれば、コーチングをしたことや受けたことや、いっしょに仕事をしていて楽しいということで認められることもある。誰かが認めるなら、どんなことでも対象になる。これはミーティングの最後を締めくくるのに非常に有意義な方法であり、成果は翌日の仕事のエネルギーのなかにはっきりと現れる。

「認めれたことで、ぼくの人生は大きく変わった。誰かが誰かを認めるのを聞くと、『これは自分もやったほうがいいかもしれない』って思う。それは一人ひとりが取り組むべきことだと思うんだ。コーチングの役にも立ってるよ。

以前のぼくはひとこと指示するだけだった――『○○をしろ』とかね。今は、質問をしたり、どうすればいいか示したりする。それに、コーチングに関する意志がずっと明確になった。

今のぼくは、チームとしてのレベルアップにつながるようなコーチングをする。

たとえば、マットに、五時半までにゴミを片づけてしまわなきゃならないと言いながら、どうすれば速く片づけられるか説明しないとしたら、マットを助けたことにはならない。

成果の上がる考え方をすることと認められたことで、ぼくは以前よりはるかに熱心に仕事をするようになったんだ」――バイソン

考えは自由に変えられる

これから紹介する本章最後の三つの話には、自分の考えによって、また、自分が他人と

コミュニケーションを図るために使っている言葉によって、自分の現実がどのように生み出されるかが示されている。
自分の考えや言葉は他人にも影響を与えていることに、注意を向けてほしい。注意を向けられるようになると、もっと自由に考えを変えられるようになり、他人の言うことにしっかり耳を傾けられるようにもなる。考え方を変えれば経験が変わる。また、どんなときでもそういう選択ができるようになるだろう。

「今いる状況に気分よくいられないなら、離れればいい。すべては選択なんだ。考え方を変えて別の結果を生み出せるようになればなるほど、自分の考えを問いなおしてさっと変えるのが簡単になっていく。

ぼくは、ものごとについての自分の考え方に気づきはじめたときに、耳を傾けること、つまり人の話をひとことも漏らさず聞くというのはどういうことか、深く理解できた。こういうことだったんだ。『ほんとうに耳を傾けて相手の話を聞いているなら、自分の頭のなかにほかの考えはただの一つもない』これは実に得るところの多い姿勢だよ。

柔軟な心を持つことは、考えたり聞いたりすることのいちばん重要な部分だ。そういう心を持っている人は多いとはいえない。みんな自分の箱のなかに住んでいて、どこへ向かうにも他人に導いてもらいたがっている。ぼくもそうだったけど、あるとき気づいたんだ。『わお！　自分で自分を導くことができるぞ！』

目下の課題は、ほかの人にもそうなってもらうこと。自分の考え方や、他人と意志を伝えあうのに使っている言葉に気づいてもらうことなんだ」――アンディ

考えと言葉は、これまで気づくことのなかった人生における選択肢を、あなたに与えてくれるかもしれない。今こそ、誰かほかの人があなたに生きてもらいたいと思う人生ではなく、自分が望む人生を選びはじめる絶好の機会だ――このことを認識すると、あなた自身の心以外に、あなたを止められるものは何もない。

ポジティブな考え方を選ぼう

エリックは、言葉と考えに関する目下の選択について、頭のなかにいる二匹の犬にたとえて話をしてくれている。

「楽しい気持ちになるための選択は、簡単にできるとは限らない。人生のなかではいろんなことが起きるけど、ポジティブな姿勢を持つには、よく考えて選択しなきゃいけないときがあるんだ。

ぼくにわかるのは、ぼくの頭のなかにはいろんな考えがつねにめぐってるってこと。いろんな考えが頭にあるなかで、もしネガティブな考えについてあれこれ考えることを選ぶなら、それを——ネガティブなものをぼくは経験することになる。つまりはぼく次第ってことだね。

うまい表現を聞いたことがある。こういうのだ——頭のなかに二匹の犬がいる。一匹はぼくのポジティブな考えを、もう一匹はネガティブな考えを表している。二匹はつねにぼくの頭のなかで戦っているのだけど、勝つほうに、ぼくはたくさんエネルギーを与えていることになるんだ。

微笑み一つで、ぼくは立ち止まって、人生は捨てたものじゃないことに気づくことができる。イライラしているとき考えを切り替えるには、何にいらついているのか自分に問いかけることだ。ぼくは、考えが自分の行動すべてに影響を及ぼすのを放っておくことも選べるし、一秒で考えを切り替えて、自分の人生はなかなかいいぞと言うこともできる。

ハッピーになることを選ばないなんて、ありえない。イライラしたり怒ったりすることを選んだり、仲間が待っているのに仕事に行きたくないとかこんな仕事はうんざりだとか言うことを選んだり、そんなのもありえない。

ぼくが知ったのは、自分をイライラさせることはほかの誰にもできないってこと。ぼくは自分をいらつかせることができる――そしてもちろん、ハッピーにすることもできるんだ」

――**エリック**

ポジティブな考えが成功につながる

ポジティブな考えを選択することについて、ジェイソンもよい例をあげてくれている。元魚屋のヨリが事故でケガをしたときに慈善コンサートがひらかれたが、コンサートを成功させる考え方と失敗させる考え方の違いについて、彼はこう話している。

「自分の考え方に気づいたときには、すごいことが起きるし、思いがけないことができるようにもなる。

以前なら絶対ありえそうになかったことだけど、ケガをしたヨリを支援するために、ぼくのセバーヘッドとマイケルのバンドのワールド・セブンとで慈善コンサートをひらこうということになった。事故のあと、ぼくたちはヨリのために、お金を集めてすばらしい時間を持ちたいと思ったんだ。みんなが一つになるいい機会でもあった。

ぼくはたちまちこのアイデアに夢中になったけど、ぼくたちは大きなクラブでは演奏したことがなかった。ショー・ボックスというクラブで演奏するというアイデアについて、ぼくらは話し合った。それはシアトルでも指折りの、いろんな有名バンドが出ているクラブだった。

ぼくは、やればできると思っている――そのことはジョニーから教わった。そういうふうに考えるのが、ぼくは大好きだ。途中出てくる障害のことはぜんぜん心配してないし。障害はきっと出てくるものだから、出てきたときには、全力で走ることでほしいものを手にすることができる。ぼくの意志は、道々現れるどんな障害もものともしないんだ。

ぼくはみんなに、ヨリのために慈善コンサートをひらくことを告げ、『ショー・ボックスでやるんだ』と言った。

みんなの反応は『ショー・ボックスだって？　まさか！』だった。『冗談だろ』と言う人もいたし、『無理だよ。ショー・ボックスで演奏する準備なんてできてない。無茶だ』と言う人もいた。本番まで一カ月しかなかったんだ。

いろんな意見が飛びかうようになったのは、コンサートに対する考え方がそれぞれ違ったからだ。割りふられた二〇〇枚のチケットは、少しずつしか売れなかった。ぼくの母までが手を貸してくれていた。

『二〇ドルはちょっと高いかもしれない。一〇ドルにしたほうがいいんじゃないか』という声もあがった。でもぼくはこう答えた。『ダメだよ、これは慈善を目的にしたコンサートなんだ。ぼくたちのためにやるんじゃない。ここで得たお金はヨリを助けるためのものなんだ』

いろんな考えが出てくるのは、いったんものごとに打ち込むと、ありとあらゆる種類の考えが襲いかかってくるようになるからだ。でも、ネガティブな考えはものごとをダメにするだけだ。だからぼくは言った。『きみたちはネガティブな考え方をしてコンサートを台無しにしようとしている。みんなああだこうだ言ってるけど、これは利益目的のコンサートじゃない。ヨリのためのものだ。彼はぼくたちの支援を必要としてるんだ』

その後バンドのみんなは、自分たちのコンサートをひらくというより、ヨリを助けるという状況を積極的に楽しむようになった。コンサートについての考えが変わったことで、もはやバンドとしてのコンサートではなくなっていたし、ぼくたちは何か大きなものの一部に――ぼくたち全員を合わせたものよりもっと大きなものの一部になっていた。

みんなが生き生きとしはじめた。最初はまったく非協力的だったギター奏者は、ほかの誰よりたくさんチケットを売った。コンサートは大成功だった！　すべてがすばらしいものになっていた。

もしぼくたちが考えを変えていなかったら、ああはならなかったと思うな。きっと、すべてを台無しにしていただろう。いい教訓になったよ。コンサートのあとには、『わお！ ほんとにショー・ボックスで演奏してしまった』って思ったけどね。あれは、考え方がどんなふうに人生に影響を及ぼすかを体験する、すばらしい機会だった」――**ジェイソン**

CATCH!

4

- 言葉や行動は考え方を反映している。
- 言葉は、自分を自分の現実や他人と結びつける、強力な道具である。
- ある事柄について、考え方を変えると、経験も変わる。

5

問題の核心を「キャッチ」せよ！

問題点を人に話そう

パイク・プレイス魚市場の魚屋たちは、問題や対立や意見の相違をよいものとして考えている。創造的な対立や問題は、学びや成長や変革の機会になるのである。

パイク・プレイス魚市場では対立など起きない、などと考えるのは短慮というものだろう。毎日のように対立が起きるのは、ほかの企業と同じだ。違うのは、魚屋たちの持つ積極的な姿勢である。

この魚市場の魚屋はみな、ほかの魚屋が〈人生の主人公〉になることに積極的に関わっているのである。

もし、あなたの周囲にいる人たちがあなたが成功することに積極的に関わっていることがわかったら、どんな感じがするだろう。ものごとは、今とはどんなふうに変わるだろう。他方、もし、あなたの周囲にいる人々が、自分たちが成功することにあなたが積極的に関わっていることを知ったら、何か変わらないだろうか。

問題が起きると、魚屋たちはほかのみんなにも知らせて対処する。その過程によって、彼らは問題を解決したり、状況に効果的に対処したりできるようになる。

コーチングは、問題を伝えたり解決したりするのに魚屋たちが使う一つの方法だ。互いが〈人生の主人公〉になることに積極的に関わると、情報を伝えるのに使う方法はもちろん、コーチングで用いる言葉や声の調子も変化する。またコーチングや問題解決の機会を通して、彼らは、自分たち一人ひとりが、個人としてよりむしろ集団として、何か大きなものの一部であることを認識している。

こうした機会があるおかげで、魚屋たちは、個人的な目標とパイク・プレイス魚市場のチームとしての目標の両方を達成する方向へ進んでいくことができる。それは次のアンダースの話にも示されているとおりである。

「問題を解決したりコーチングしたりするのは、ぼくが積極的に関わっていることの現れだけど、ぼくは問題をみんなに話したり、自分をコーチングしてもらったりもしなくちゃならない。それがここでぼくたちがしていること。何もかも、オープンにしなくちゃいけないんだ。じっと黙ったまま、事を進めさせることはできない――パワーを奪いとられてしまうから。問題を話さないなら、その人間関係には何のパワーもない。もし友だちや仕事仲間が、きみとの関係のなかにあるはずのパワーがなくて誰かほかの人のところへ行くなら、きみはあるべき姿になってないってこと。すばらしい関係を持つことに、積極的に取り組んでいないんだ。それは断じて相手の責任じゃない。つねに自分の責任だ。もし心に引っかかっていることがあるなら、吐き出すこと――今すぐに!」――**アンダース**

問題をチャンスへ変えるときは、問題点を声に出して言うことが最初のステップになる。何が問題なのかを伝えることで、魚屋たちは、問題のなかに成長の機会を見出せるようになるのである。

加えて、じっくり聞くことが、問題解決やコーチング・プロセスの重要な部分になる。魚屋たちにとって〈じっくり聞く〉というのは、相手が話しているあいだ、どんな返答をするか一切考えることなく、相手の言っていることにきちんと耳を傾けるということだ。コーチングを受けている魚屋は実際、自分の考えをすべて出し、コーチングしている魚屋に全神経を集中して聞いてもらうことになるのである。

頭のなかに何の思考も持たずに耳を傾けることで、魚屋たちは、顧客を手伝ったりほかの人と話したりコーチングをしたりしているときに、恐いくらい神経を研ぎすませるようになっている。

耳を傾けていると、彼ら自身の思考はストップする。一方、話をしている人は、ひたすら聞いてもらうことになる。

一心に相手と会話をしたり、話されていることに心から耳を傾けることで、よい人間関係が生み出される――魚屋たちは、他人としっかりとした結びつきをつくる名人になっているのである。

誤解の原因を人のせいにしない

次に紹介するジャスティンの話では、問題に対する彼の姿勢や、問題の伝え方や、起きたことに対する責任の引き受け方に注目してほしい。

「日頃ぼくをいちばん悩ませるのは、約束したのに、それを果たせないということだ。たとえば、渋滞に巻き込まれて仕事に遅れそうだという場合、ぼくがイライラするのは、渋滞に巻き込まれているからじゃない。決められた時間に出勤すると約束しているのに、遅刻しそうになっているからなんだ。時間どおりに着くという、予定も約束もダメになる。これはぼくがパイク・プレイス魚市場で学んだとても大切なことだ。自分をほんとうにイライラさせるものをきちんと認識すること。自分をいらだたせるのは、外にあるものじゃない。それは自分の内にあるんだ。

ある日、ブッゲとぼくのあいだに誤解が生じた。それで、その日の終わりごろ、仕事が終わったあとに、ぼくはブッゲのところへ行って『ちょっと話せるか』と尋ねた。いいよということだったんで、ぼくは『さっき誤解があったみたいなんだ』と言った。『きみはぼくが、きみに敬意を払ってないみたいに受けとっていたようだった』とね。

ぼくとしては一般論を言っただけのつもりだったんだけど、彼にはそうとはとれなかったらしいんだ。それでぼくは、『実際、ぼくはきみのことを尊敬しているし、きみはすばらしい友だちだ』と言った。友だちを見下したりはしないよ。

話がすんで、その後はすっかりいい感じになった。責任が相手にあることはない。誰かほかの人のせいなんて、絶対ないよ。責任はすべて自分にあるってこと。もしこの本を読んでこの考え方を取り入れてもらえたら——いや、ぜひ取り入れてもらいたいね」

——ジャスティン

討論や話し合いのなかで起こる創造的な対立は、魚屋たちに、問題の原因が二度と現れないようにする機会として提供されることがある。単に問題を解決するのではなく、魚屋たちは一歩先へ進み、その問題を、次に似たことが起きたときに役立つものにしようとする。画期的な成果を上げるには、問題や対立を歓迎する必要もあるという。

問題や対立が起きやすいのは、魚屋たちが自分の考えに固執するようになっているときだ。それは表情や声の調子に現れるし、いらだちはじめると、使われる言葉に反映されるようになる。誰かがほんとうにイライラしているとそうした兆候がはっきり現れるが、実はそのときこそ、成長や変革のまたとない機会なのである。

ところが私たちときたら、誰かがイライラしはじめているのを見ても、今までしていたことをしつづけ、まるで誰もいらだってなどいないかのようなふりをする場合が少なくない。しかし私たちの受け止め方がどうであれ、そういう場合には、ポジティブな結果を生み出すチャンスが提供されているのである。

思っていることを言い合おう

魚屋たちにとって、問題や対立はたいてい、「すべて相手の責任だ——自分のせいじゃない」と考えた結果として起きる。対立は、誰かが直面している状況に対して責任を引き受けようとしないときにも起きる。他人を非難すれば、問題が発生する。

ディッキーは、自分の考え方に対する責任を引き受けたときのことと、そうすることで人間関係がどのように変わったかということを話してくれている。

「ぼくは、あるべき姿になるように、人間関係を創り出している。もし組織や家族の誰かとのあいだで問題が起きたら、ぼくは必ず自分が言っていることに耳を傾ける。相手についての自分の考えに耳をすますんだ。

相手について持ってるいろんな考えをすべて表に出し、相手も同じことをして、互いが考えを言いあえたら、そこで初めて飛躍のチャンスを得ることができる。関係に、新しいチャンスが生まれるんだ。

思っていることを互いに言いあったら、事態は余計悪くなるように思えるだろう。でも実際は、相手について考えていることを頭から出すと、その考えを変える機会を得ることができる。そして、相手についての考え方を変えると、その人との関係をも変えることになるんだ。

考えを変えたあともなお相手に腹が立つかもしれないけど、とにかくぼくは、状況と以前持っていた考えをすべて受け入れていく。ぼくにとっては、それこそが大事なポイントだ――それは自分の考えに責任を持つということなんだ。

誰かとの関係に積極的に関わるなら、ぼくはその人に対する自分の考えにも積極的に責任を持たなくちゃならない。そうしなければ、ここではどんどん人が入れ替わってしまうだろう。実際ときどき入れ替わっているけどね。自分の考えに対して責任を引き受けるというのは、大変なことだからだ。

なかには、責任を引き受けられなくて、やめていく人もいる。あるいは、自己改革した結果、もっと大きなことを追求したくなって、やめていく人もいるね」――ディッキー

パイク・プレイス魚市場であれどこであれ、人は精神的にせよ肉体的にせよ、何の活動もせずにいることはできない。パイク・プレイス魚市場の経営者として、ディッキーは、ほかの組織の経営者に提供できるもののうち重要なのは、ネガティブな考え方に気づいて、それを変える力だと思っている。

日々の出来事に対して責任を引き受けることは、〈人生の主人公〉になるのに欠かせない。しかし組織の道理として、それはトップから行われなければならない。トップマネジメントにその姿勢がなければ、組織のほかの人々に浸透していくことは、決してない。さらにいえば、組織に所属するメンバー一人ひとりも、トップマネジメントの考えをコーチングすることに、責任を負っている。

コーチングは問題を成長の機会へと変えるきわめて有効な手段だが、魚屋たちは、問題を成長の機会にできているかどうか、そばにいる誰かに見てもらえるとは限らない。そん

なときは、自分の意志は何かを思い出すことが必要になる。自分の今の姿勢が意志や積極的に関わる意欲を反映しているかどうか、自分自身に問うのである。

自分の意志に気づいたとたん、彼らは考え方を変える。考え方が変わると、その瞬間、新たなチャンスが生まれる。

多くの問題はミーティングで解決される。それが、対立や問題をオープンに扱うのに無難な場だからである。直接関係のない人も含め、参加したすべての人が、ミーティングの経験から恩恵を得る。誰かが自分の考えに固執しているのを目の当たりにし、ミーティングのあいだにコーチングを受けるのを聞き、事態が打開されるのを見るのは、直接関係のない人にとっても、当事者と同じくらい有益なことなのである。

同僚との険悪な関係も、率直に話せば改善できる

次のサミーの話では、しばらくジェレミーと対立していたときのことが述べられている。サミーは、パイク・プレイス魚市場が、対立を克服する機会を持つことによって、強いチー

ムとなり、人々にポジティブな影響をもたらせるようになっていることに気がついた。

注目してほしいのは、サミーとジェレミーの二人ともが、ジェレミーがパイク・プレイス魚市場で成功することに積極的に取り組んでいること、そして、古い考えを手放すことで関係が新たに始まるのだと気づいたことだ。


「ジェレミーにはほんとうに腹を立てたものだった。最初のうちはただジェレミーを閉め出してた。ジェレミーにコーチングをしなかったんだ。

ぼくは、怒鳴るという昔の自分のやり方をし、ほかのみんなに話してそれを正当化していた。ジェレミーに、〈人生の主人公〉になるチャンスもチームの一員になるチャンスも与えなかった。ぼくらのあいだにある険悪なムードは、なくなるはずもなかった。

ある日ミーティングに先立って、ジムとジョニーが、どんなふうにジェレミーにコーチングすればいいか、ぼくにコーチングしてくれたことがあった。ミーティングではみんなの問題について話し合うのに時間を割くからね。

ジョニーは『ジェレミーに、自分の裁量に任されていると感じさせなきゃダメだ』と言った。でも、頑固なぼくはこう思っていた。『あいつの飲みこみが遅いだけだとしたら？　おれはいったい何度教えなきゃならないんだ？』ある日『これはこういうふうにするんだ』と教えても、次の日また同じことをくり返さなきゃならなかった。ぼくはジェレミーに関して、お手上げ状態になっていた。

ジェレミーをコーチングすることについてジョニーはぼくをコーチングしつづけ、ジェレミーの裁量に任せるということをぼくがきちんと理解できていないと言った。

ジョニーは別の機会にジェレミーとも話をした。それでも、ぼくたちの仲はいっこうによくならなくてね。ぼくらがミーティングに来たときに、ジョニーはジェレミーに言った。『いったい何が、サミーといい関係を築いたり、サミーのアドバイスを理解したりするのをじゃましてるんだ？』

それでまあ、ジェレミーが思っていることをぶちまけたわけだ。ジェレミーが話しているあいだ、ぼくはどんどん頭に血が上っていった。でも、ジェレミーが腹にあるものを全部吐き出すまで何も言うなと言われててさ……。

ジェレミーはほんとうに怒ってた。ぼくは黙って聞きながら、ますますむかついていった。すべてが制御不能できりきり舞いしている感じだった。空気がとげとげしく張りつめていた。それからぼくが話す番になった。『ジェレミーはこういうことをする。ああいうこともする。ジェレミーは……ジェレミーは……ジェレミーは……』

思っていることを二人ともが吐き出したとき、ぼくはなんてバカバカしいことだろうと気がついた。二人の愚痴を聞き終わると、ジムがぼくに言った、『なあ、サミー、きみはジェレミーがこの市場で成功することに、積極的に取り組まなければならないんだよ』そしてジェレミーも、ぼくがジェレミーを成功させることに、積極的に取り組む必要があった。

その翌日、ぼくたちの関係は申し分のないものになった。突然に、だよ。ふしぎだろう？ほんとのとこ。ぼく自身信じられなかったよ、長いことここで働いてきたけどさ。ジェレミーが成功するために、ぼくたちは二人ともが相手に積極的に関わるようになったんだ。

ぼくがコーチングの一環として何か言ったときは何も言い返さないということに、ジェレミーは同意した。そして彼がすでにしたことについてぼくが何か言ったときには、『黙れ』と言っていいし、ぼくは黙ってそれを聞かなきゃいけないことになった（笑）。

一日のうちには、ものすごく忙しかったりして、怒鳴っているみたいに思えるときがあるだろうけど、それは忙しいからであってほかに意味はないのだということも、ジェレミーに納得してもらった。コーチングをするタイミングもちゃんと計ることを話し合い、互いに納得した。

ぼくたちは、その晩も、ミーティングのときも話をして、多すぎない程度のルールを決めて納得しあった——ルールは一人に一つずつだ。そしてぼくたちは仕事をつづけた」

さらに、ミーティングに参加していたほかの全員が、ジェレミーとサミーに新しい関係を築かせることに同意していた。そのため、二人は誰かほかの人のところへ行って、自分の考えを正当化することはできなかった。

そのとき以来、サミーは、ジェレミーとのあいだに起きたことはすばらしかったと思うようになっている。多くの場合、人は何年ものあいだ同僚と険悪な関係をつづけ、のっぴきならない状態になっていることに気づきさえしなくなるのだから。そうなると、引退するまでずっと、不愉快な状態がつづくかもしれないのである。

「とびきりいい関係を築く余地がないのは、自分だけが正しいと思っていたり、率直に話をしてどんな関係を築けそうか確かめるほど心が広くなかったりして、相手のことをああだこうだと決めつけることに精神的エネルギーを費やしている場合だ。あれほど深刻だった対立を切り抜ける力があったからこそ、ぼくたちは世間の人にポジティブな影響をもたらすことができている。なかなかすごいことだと思うよ」——サミー

釣り針に引っかかったら——話をしよう

もし何らかのネガティブな考えにとらわれていたら、魚屋たちは前へ進むことができない。「いかにすばやく〈釣り針に引っかかった状態〉を抜け出せるか」というのは、いかに早く対立を克服したり腹を立てるのをやめたりできるかを問うているのである。

魚屋たちは、〈釣り針に引っかかった状態〉を自分で切り抜けられることもあるが、相手のある問題であった場合はふつう、その問題を、相手といっしょに話し合い、解決する必要がある。

次のジェイソンの話には、〈釣り針に引っかかった状態〉を抜け出すことで、相手と新しい関係を——それも、以前に想像したことさえないような関係を——築くチャンスが広がることが示されている。

考えを滞らせているものが何であれ、そこから早く抜け出せば抜け出すほど、魚屋たちはいっそう早くこの新しいチャンスへ近づくことができるのである。

「〈釣り針に引っかかった状態〉をどうやって抜け出すのかって？　ぼくの場合、いちばんいいのは話をすることだな。もんもんとしているわけだからね。

たとえば、昨日ぼくはイライラしてた。本来は休みなのに仕事をすることになって、予定をキャンセルしなきゃならなかったんだ。いらつくとまでは言わないまでも、いい気分で一日を始められたわけじゃない。ぼくは何とかしてネガティブな気持ちから抜け出さなければならなかった。

ときどき、自分が考えを支配するんじゃなく、考えに自分が支配されることがある。そうと気づいたら、いちばん早く本来のぼくに戻るには、お客か誰かと話をすること。人と話をするだけで、ぼくは思考の滞った状況を乗り切ることができる。誰かといい関係を築こうとしているときに、むかついてなんかいられないから。

深呼吸するだけでもいいね。自分を束縛するのをやめて、何らかの方法で解放するだけで。誰かに『ハーイ』って挨拶するのと同じくらい簡単なことだけど、それだけで、にっちもさっちもいかない状況は消えてなくなる。だけどもし、いらついたり不満に思っている状態をがまんしてたら、ずっとそういう気分でいることになってしまうんだ」――ジェイソン

魚屋たちの多くが、〈ふつうの人〉から〈人生の主人公〉へ、自分を改革できるようになっている。そうなるためには、〈責任はすべて自分にある〉ことを認識することが必要だ。それに、自分の意志に気づくことも。意志をしっかりと自覚できるようになれば、たいてい、〈釣り針に引っかかった状態〉をすばやく抜け出せるようになるのである。

また、パイク・プレイス魚市場の基本姿勢として、対立や問題はよいものだと考えられている。新しいチャンスの兆しが必ず見出せるからである。そうした問題や対立を、魚屋たちは、助っ人をぞろぞろ引き連れてくることなく自分の力で解決するよう教えられる。

こうして、問題に対するみんなの姿勢がきわめてポジティブになり、問題が大きければ大きいほど成長するチャンスも広がっていくのである。

釣り針に引っかかったら——理想の自分を思い浮かべよう

〈釣り針に引っかかった状態〉をさっと抜け出すのは、経験によって身につけるスキルであり、練習を積むことで向上させることができる。そして幸い、練習する機会を、人生はふんだんに提供してくれる。

これからお話するのは、あるミーティングで、世界的に有名な組織としてパイク・プレイス魚市場の今の姿はどうかということについて話し合いが行われている際、ブッゲが〈釣り針に引っかかった状態〉に陥ったときのことだ。テーマは、月々の売上目標を達成できているかどうかということだった。

話し合いは、状況はなぜ今のようになったかという問答から始まった。しかしながら、誰も気づかないうちに、ブッゲは悪いのは自分だという考えにとらわれるようになっていった。話し合いのなかでブッゲの名前が具体的にあがることは一度もなかったが、彼は責任が自分にのしかかっているように感じていた。

結果として、彼は反発を覚え、守勢に徹するようになった。イライラし、腕を組み、声の調子や使う言葉も変わった。

そのとき、魚屋たちに対して積極的に関わる姿勢を持っているために、ジョニーがこの悪循環からブッゲを抜け出させるべくみんなの前でコーチングする機会をつかんだ。

ジョニーは目標についての議論を中断させ、ちょっと問題が起きたと言った。そして、ブッゲが〈釣り針に引っかかった状態〉になっていると話し、ブッゲを〈人生の主人公〉にするのが自分の意志であり、そのことに積極的に取り組みたいと告げた。それからジョニーはブッゲに対してコーチングを始めた。

まずジョニーが「進んでコーチングを受けるか」と聞くと、ブッゲは「イエス」と答えた。次にジョニーは「とびきりの経営者になるのがきみの意志か」と尋ねた。ブッゲはまた「イエス」と答えた。するとジョニーが言った。「では今この瞬間に、きみはどんな人間になろうとしている？」

それだけで十分だった——ブッゲはハッと気づいたのだった。私たちのまさに目の前で、彼はすべてを理解した。

その短いフレーズはブッゲに、その瞬間の彼の言葉と態度から判断して彼がどんな人間になろうとしているかを示し、そしてブッゲは、自分が今なろうとしている人間と、なりたいと望んでいた経営者像とを比べたのだった。

一瞬にしてブッゲの姿勢が変わり、声も生き生きとし、表情には微笑みさえもが浮かんだ。ブッゲは、自分が〈釣り針に引っかかった状態〉に陥っていたことに気づき、自分の意志がジョニーによって示されるのを見た。結果として、ブッゲは自分が今なろうとしている姿を変えた。そう、彼は〈釣り針に引っかかった状態〉に陥ったのと同じくらいすばやく、自分を改革したのだった。

この変化に関していちばんすばらしいのは、その場にいた全員がこのチャンスから恩恵を受けとったことだろう。なにしろ、ブッゲ以外の魚屋たちもいくらかは、売上目標が達成できていないことについて、自分の考えや自分を守ろうとする意識にとらわれていたのだから。

ブッゲに対するコーチングがみんなの前で行われたために、全員が、成長する機会を得て、自己改革する新たなチャンスをつかみ、パイク・プレイス魚市場のビジョンに積極的に取り組む姿勢をもう一度心に刻むことができた。その瞬間、〈世界的に有名になる〉というコンセプトは、いっそう明確になったのだった。

問題がいつ新たなチャンスとなったかを知るのは、実はなかなか難しい。もし、チャンスが生まれたかどうか尋ねなければならないようなら、おそらくまだ生まれていないだろう。それは電気のスイッチをパチンとつけるようなもの。問題が新たなチャンスになる瞬間というのは、たとえ些細なことに関するものであっても、とてもドラマティックなものなのだ。誰かがチャンスをつかんだときは、それとわかるはずだ——自分にもほかの人たちにも、疑いの余地がないほどに。

問題の根っこを見つけよう

問題や対立が自己変革へ直結していることは、魚屋たちの話からおわかりいただけただろう。しかしながら、新しいチャンスがどのように現れるかは、まったくわからない。チャンスというのは、予測も予想もできず自然に生まれるものなのである。

だが、偶然と混同してはいけない。チャンスが自然に起きる現象だというのは、問題のなかで何が起きれば飛躍の機会になるのか、正確にはわからないからだ。

このことは、次のディッキーの話のなかで示されている。

「パイク・プレイス魚市場の経営者であることは、コーチングや耳を傾けることと大きな関係がある。ときどき対立や問題も起きるしね。

魚市場のビジョンに積極的に取り組むことは楽じゃない。一心不乱に聞くなんて、そりゃ大変さ。心を無にして聞かなきゃならないし、出てくるどんなネガティブな考えに対しても独りよがりに判断しちゃいけないし。誰だってイライラするときがある——ぼくらは人間だし、いらつくことがあるのは当然なんだ。

ぼくがいらだっているときは、たいていジョニーが手を貸してくれて、ぼくは日常のいろんなことに対する責任を引き受けられるようになる。

ぼくが積極的に取り組んでいるのは、一人ひとりを〈ふつうの人〉から〈人生の主人公〉へ変革することだ。それは一つの過程であり、ぼくたちはミーティングによっていろんな過程を経験することになる。誰かがいらついていたら、ぼくらは必ずミーティングを始めるから。人によっては、ふつうより長く時間がかかることもあるね。

ぼくたちはつねに、コーチングと、進んでコーチングを受けることについて話をする。相手が進んでコーチングを受けようとしなければ、ぼくは誰のことも永遠にどうにもできない——壁に向かって話をするようなものだ。コーチングをする前には、その人が進んでコーチングを受けようとしていることを確かめる必要がある。うまくいくとは限らないよ。でもぼくは、みんなが主体性をもって人生を歩めるよう、意欲的に取り組んでいるんだ。

誰かに問題が起きたとき、ぼくはその人の表情を見て、何かあったことを知る。話に耳を傾けて、その人にとって役に立つコーチングをすると、たいてい彼らはどんな問題でもすぐに解決できるようになる。それはいいことだし、すばらしいことだ。

問題から生まれる飛躍のチャンスには、ほんとうにすごいものがあるよ。彼らのコーチとしては、ぼくはただ、話に耳を傾けて、どこが問題点なのかを彼ら自身が知る手伝いをするだけでいいんだ。

彼らがよく言うのは、問題の核心はどこにあるのかということだ。問題というのはいろんなものが積み重なって生まれることが多いから、根っこの部分を彼らが見つけるのを、ぼくは手助けしている。自分では見つけられないこともあるし、根は現在じゃなく過去にあることもあるんだ。

問題の根っこは心のなかにしか存在しないけど、過去から引きずっている考えを自分が持っていることに気づいてさえいない場合もある。

でも、今現在、彼らをいらだたせているカギとなっているものが、きっと何かあるはずなんだ。それは引き金みたいなもので、引かれたらまず間違いなく彼らはムッとする。そこに、経営者としてのぼくの役割がある。

ぼくは、問題や対立のすべてに耳を傾け、彼らが自分のなかのすばらしさを見つける手助けをしなければならないんだ」――ディッキー
問題を飛躍の機会に変えるのに、決まった法則などない。しかしながら、その過程に関

して興味深いのは、成長する機会を得ることによって、新たな人生観や人生経験を生み出す方向へものごとが進展することだ。

そうした新たな人生観が生まれる一つの方法は、まるで成長を促すように、過去による束縛が消えること。魚屋たちは、過去に起きたことを正当化しないようにし、新しい考え方や生き方へと――もっと正確にいえば、新しい人生へと――自分を飛躍させている。問題や対立は、自己変革が起きるチャンスなのである。

誰かが釣り針に引っかかったら

クリスは、「昔は、二枚貝の下に氷が十分にないとどうしてもイライラしてしまってね」と話し、それから、ほかの魚屋の成功やパイク・プレイス魚市場のビジョンに対して自分には積極的に取り組む責任があることに気づかされたことについて、次のような話をした。

「たいてい、ぼくはコーチングを進んで受け入れている。コーチングしてもらうとすぐに、どうすればいいかわかって、前へ進むことができるんだ。

でもあるとき、ぼくは熊《ベア》のコーチングについてこんなことを考えた。心のなかでこう言ったんだ。

『陳列棚の準備のしかたならわかっているし、コーチングなんてしてほしくもなければ必要もない。ぼくはぼくのやり方で準備するぞ。ちゃんとやれてるんだから。ぼくは間違ってなんかない（エゴのお出ましだ！）』ぼくは〈釣り針に引っかかった状態〉になってたんだ。

おかしなことに、ぼくは自分の考えに有頂天になっていて、誰かに聞いてもらいたくて仕方がなかった（笑っちゃうよね）。自分の考えを正当化するのに、ほかの人に同意してもらう以上の方法はないだろう？

ぼくは、ベアがぼくに干渉すること、うんざりしてきていることを、ラッセルに話した。驚いたことに、ラッセルはすぐにそのことについてぼくを呼び出した。コーチングされることについて、ぼくにコーチングをしたんだ。ラッセルは、ベアはある方法でコーチングしているだけだということと、それは完璧をめざすためのものだと教えてくれた。

それでぼくはラッセルの言うことを受け入れて、配達用トラックに乗り、その日の魚を仕入れに出かけた。市場から数ブロック行ったところでぼくはトラックを止めて、選択をした。ネガティブな考えにとらわれるのをやめて、ベアに対する態度を変えることにしたんだ。ベアがぴかいちのコーチだってことは認めざるをえなかった。だって、ぼくも店で完璧でありたいと思っているから。

ぼくは店へ帰ると、ベアに言った。『きみにコーチングしてもらうことを、ぼくは積極的に受け入れていなかった。でもあらためるよ』

今では、ベアはぼくのことを、可能なかぎり最高の人間にしようとしてくれていると思ってる。あのあとのミーティングで、ぼくはベアのことを、人柄と店にとっての存在の大きさで認めたんだ」

クリスは、飛躍の機会というのは自分が思っていたようなものではないことに気がついた。また、クリスとベアは新しい関係を築きなおすチャンスを得たが、一方で、ラッセルの対処のしかたには目を見はるものがある。

ベアについてのクリスの考えに賛同することは、ラッセルにとってたやすいはずだった。

しかしラッセルは、賛同しないことを選んだのである。状況を深くとらえ、コーチングを受け入れることについてコーチングすることによって、ラッセルはクリスが〈釣り針に引っかかった状態〉から抜け出す手助けをした。それは、クリスが成功することにラッセルが積極的に取り組んでいることを示している。

「ぼくたちはみんな、互いが成功することに積極的に取り組んでいる。そのことをこの目で確かめるチャンスを、ぼくは得た——ベアのコーチングを受け入れなかったときにね。ベアのコーチングを拒んでいたとき、ぼくは、自分自身が成功することにも、ベアがぼくをうまくコーチングすることにも、パイク・プレイス魚市場のビジョンにも、積極的に取り組んでいなかったんだ」——**クリス**

問題が飛躍のチャンスに変わりつつあるときには、おもしろいことが起きるものだ。問題の渦中にあると、事態がどんな方向に進むかわからなくなるかもしれない。しかし、解決策が見えなくなると、ふしぎなことが起こる。結果に対する執着を、実質的に失うのである。逆にいえば、結果に執着しつづけているかぎり、どんな解決策も新しいチャンスも現れさせることはできないということだろう。

問題を味方につければ、チャンスが手に入る

魚屋たちが取り組んでいることでいちばんすばらしいのは、どんな予期せぬ事態になろうと、〈人生の主人公〉らしく、進んで事態に対処しようとすることである。ふつうの人というのは、人生が提供するものは何でもただ受け入れてしまう人のことだ。しかしパイク・プレイス魚市場では、そういう姿勢は受け入れられない。次のダグの話ではどんな態度がとられているか、見てみよう。

「あるとき、魚屋の一人がお客に対してちょっと強引な態度で接していた。わかってやってる分にはいいけど、不快な感じだったり嫌みっぽくなっているときは気にしないわけにはいかない――特に、自分が何をしているかわかっていないときにはね。

そのとき、ダレンが似たようなことをした。ダレンならもっと心得ているはずだと思っていたから、ぼくは腹が立ってしまった。

でも、問題があったのは、ダレンだけじゃなくぼくもだった。ぼくはこう思った、『どいつもこいつも馬鹿げた真似を』ほんとにそうだったわけじゃない。ぼくがムッとしていただけだ。

ぼくはイラついて、エビの袋をダレンめがけてちょっと強く投げた。するとダレンがぼくを見て言った、『こんなふうにしか怒りに対処できないのか』ぼくたちは起きていることについてそれぞれに考えを持っていた。だけどどちらもが間違ってた。

解決の機会はその晩のミーティングのときに訪れた。ダレンがぼくのすばらしさを認めることを選択したんだ。彼が『ダグのことを認めたいと思う』と言ったとき、ぼくはすぐに、それがチャンスの第一歩であることを察した。

ぼくたちは、敬意を払って話し合うにはどうすればいいかということについて、互いにコーチングをした。ぼくとしては、自分が間違っていたことを認める必要があった――エビを投げつけるなんてさ。

そうしたらダレンのほうも自然と、ぼくに対する対応は不適切だったと認めたんだ。ぼくたちは、もっとプロ意識を持つべきだと思うようになったし、組織や互いにとっていちばんためになるものを二人とも望んでいるのだということを確認した。

ぼくたちは互いのことが大好きだ。肩を抱きあい、目に涙を浮かべて——万事解決。飛躍の機会が現れるときには、そういうことが起きるんだ。すべてが片づくと、新しい関係が生まれた。こんな感じだったよ、『わお！　これこそがぼくらに必要だったものだ！』

そうなるためには勇気が必要だ。謝ったり適切な方法でコーチングしたりする勇気がね。コーチングは適切になされているとは限らないから。

対立するのはいいことだ。でも、多くの人と同様、イライラしたときに、どちらかが間違っているとか悪いとか、そういうふうにしかとらえられないなら、飛躍の機会を見いだすことは難しくなる。つまり、イライラすることはエゴが頭をもたげることだとすれば……。

おかしな行動というのはすべて、自分を守ろうとしているときに現れるものだ。だけど飛躍の機会というのは、エゴを脇へ置いて、問題のなかでの自分の役割を受け入れて初めて現れるものなんだ」——**ダグ**

魚屋たちは、まったく新しいものが生まれる可能性は、ありがちな問題から生じることに気づいている。そのため彼らは、日々の問題に対して、対応のしかたを変えてきた。

実際、問題や障害や困難や予期せぬ出来事についての考え方を変えることによって、彼らの人生もまた変わってきたといえる。

あなたが目下取り組んでいる問題についても、どうすればそこから飛躍のチャンスを得ることができるか、考えてみてほしい。

問題によってイライラさせられるだけでなく、そこから飛躍のチャンスを生み出すことができれば、あなたも、もっと力強い人生を経験できるようになることだろう。

CATCH!

5

- 変革のチャンスは、問題や対立から生まれることが多い。
- 対立が生じるのは、予想と異なることを経験するときか、エゴが割り込んできたとき、〈責任はすべて相手にある〉と考えるときである。
- 問題が大きくなればなるほど、変革のチャンスもどんどん大きくなる。

6

まず心の声を「キャッチ」すれば、人生の主人公になれる

意識を〈今〉に向けよう

魚屋たちは、生き生きと輝いて生きるためには、意識や意志を自分の外にまで広げる必要があると考えている。その第一歩が、考えや言葉や行動を含め、自己の人生に対して、一人ひとりが責任を引き受けることだった。

〈責任はすべて自分にある〉という考え方が身についてくると、自己変革が始まり、注意を向ける先もパイク・プレイス魚市場の外にまで広がっていった。自己変革が起きたのは、自分の人生や組織のなかで得たいと思うものについて考えが変わったからだ。考え方が変わると意義深いことがいろいろと起こり、想像さえできなかったような飛躍の機会が現れるようになった。そしてその瞬間、自己変革が可能になった。

アンダースは、組織に所属する人の多くは顧客やクライアントにポジティブな変化をもたらそうなどとは考えもしていないと述べている。仕事は仕事にすぎないというわけだ。アンダースによれば、人々はあまりにも多くの時間を費やして売ることにばかり意識を向けているために、購入する人のことを見失っているという。

しかし皮肉なことだが、顧客やクライアントに意識を向けてこそ、当初に掲げた営業目標を達成することができるのである。

「人にポジティブな影響をもたらすということを、ほとんどの企業は考えていない。そういう企業は、レジにお金を貯めることにばかり意識を集中しているんだ。客が店に入ってきても、視線を合わせようとしないし、話しかけることもしない。たいていの店がそんな感じだ。

でもぼくはもっと一人ひとりのお客を大事にしたいと思ってる。ぼくの店に来たお客にはにこにこしながら帰ってもらいたいし、日々の会話のなかでポジティブな影響をもたらしたいんだ。

たいていの人は、A地点からB地点へ行くことを大したことじゃないと思ってる。みんなこう言うんだ、『ちょっと店へ行って、家族の夕食のために魚を買ってこなくちゃ』店まで車を走らせ、魚を選んで、レジで代金を払って、また家まで帰るわけだから、実際に夕食を食べるのはもっとあとになるわけだけど、その夕食のことにみんな意識を向けすぎているために、今この瞬間をきちんと経験できてない。現在という時間を楽しみ損ねている。夕食のことを前もって計画しようとして、何時間も先の未来を生きてるんだ。そのあいだに、人生の二時間という時間が過ぎ去っていく。ぼくはその失われた時間を、いいものやいい対話で埋めたい。いわゆる〈二人のあいだのちょっとしたこと〉がすべて、生き生きとした人生の要素になるんだ」——**アンダース**

市場での目標や出来事に対して責任を持つことによって、アンダースの人生には非常に大きな影響がもたらされている。

ときにアンダースは、人々の意識が現在に向いていないことや、誰も彼もがネガティブになっていることや、〈責任はすべて相手にある〉という考え方がなされていることに、イライラすることがある。どうしてみんな、まるで眠っているような状態で生きていけるのだろうとも思う。同時に、意識的でないからというだけで自分が人々にイライラしているわけではないことも了解している。

人にポジティブな影響をもたらしたいと思っている者として、アンダースは、自分の仕事はイライラすることではなく、人々の意識を現在に向け、目を覚まさせることだと思っている。

魚屋たちは、意識を自己の外にまで広げることによって、自分が経験する結果に対し積極的に責任を引き受けている。自分のことより他人に影響をもたらすことに注意を向けるようになると、いったいどんなことが起きるのだろう？　そうした瞬間にはふつう、実にすばらしいことが自分の身に起こる——特にそう望んだわけではなくても、である。

説明するのは難しいが、経験すればきっとわかる。そういう瞬間は、〈神による干渉〉とか〈幸運〉とか〈偶然〉とか〈運命〉などと呼ばれている。しかしほんとうは、自分自身がその瞬間を起こしているのである。

みんなと楽しさを分かち合えば、実りある関係がつづく

次に紹介するジェイソンの話では、楽しく仕事をすることはすばらしいことだけれども、楽しく過ごす以上の大きな意味があることが示されている。

ジェイソンは、楽しみというものは、意識を自分の外にまで広げ、ほかの人にポジティブな影響をもたらして初めて起こるものだと考えている。

「お客が市場のぼくのところに来て、『ぼくたちも職場で詰め物をした魚を投げてるよ』と言ってくれるときが、すっごくうれしい。まずは職場の仲間同士から始めるのがいいだろうね。誰だって、楽しく、停滞感のない場――生き生きとした場で仕事をすることができるはずだから。

だけどそこから、ぼくは意識を外へ向けて、出会う人みんなとそういう場を分かちあわなければならない。もしぼくと同僚の間だけのことにしておくなら、そういう場を外へ広げることはできないし、ほかの誰にもポジティブな影響をもたらすことはできない。ぼくは注意を向ける先を、自分自身や同僚を越えたところにまで広げる必要があるんだ。

店に来てくれた人たちと生き生きとした場を分かちあうというのは、会話をしているときにみんながにこにこしてくれること、みんなの顔が明るくなることだと思う。

ぼくとの会話は、単に魚を買ったり商売をしたりすることじゃないんだ。小売業で人にポジティブな影響をもたらせたかどうかは、くり返し足を運んでくれる人の数ではかられる。たとえぼくがお客の名前を覚えていなかったとしても、お客のほうではぼくのことを覚えてくれている――ジェイソンって名前で、バンドをやってて、ドラマーだってね。そういうことやぼくとした会話はみんな覚えてくれている。

だけど、ぼくがほんとうに誰かに影響をもたらせたときには、ぼくはこの先ずっとつづいていく関係を生み出している。それは、ぼくと話がしたいと思っているお客がくり返し足を運んでくれることでわかる。みんな、ぼくにまた接客してもらいたいと思ってくれているんだ」――ジェイソン

お客と心が通じあえば、自分の能力は最大化される

パイク・プレイス魚市場が主体的なすばらしい場になっていることは、魚屋一人ひとりが互いの成功に積極的に関わっている点を見ても、人々にポジティブな影響をもたらすことに意欲的に取り組んでいる点を見ても、疑いの余地がない。

次に紹介する話のなかで、クリスは主体的なすばらしい場を生み出すことについて、こう説明している——それは、自分が人々のことを心底大切に思い、世界的に有名なパイク・プレイス魚市場ならではの経験をしてもらおうと心を砕いていることを、人々に感じてもらえるようになることだ、と。

そうした場を生み出すには、魚屋たちのあいだでたゆまずコミュニケーションが図られていることが必要だ。クリスによれば、幸運なことに、パイク・プレイス魚市場では、自分がどの程度貢献できているかということについて、勤務評定を待つことなく絶えずフィードバックが受けられるのだという。

「話はいろいろ聞いていたから、この市場がどういうところか、少しは知っていた。ただ魚を投げたり大声で叫んだりするだけじゃなく、それ以上のものがたくさんあることにも気づいてた。人にポジティブな影響をもたらすなんてことは、思いがけなかったけどね。

お客は、ぼくたちの魚市場に来たのと同じように、ほかの魚市場に行くことだってできるはずだ。でもみんな、ここへ来ることを選んでる。お客に対してぼくがどういう人間でありたいと思っているか、知っているからだ。

ぼくがお客のことを心から大事に思っていること、お客に尽くそうとしていることを、みんな感じてくれている。それは、魚を売り買いする以上のことだね。

ぼくたち魚屋はそれぞれのやり方で、パイク・プレイス魚市場に貢献している。ぼくはある人たちよりは控えめだね——裏方タイプなんだ。ロックバンドにたとえてみようか。正面にリードシンガーがいて、バックではドラマーがリズムを刻みつづけている。そしてぼくはベース奏者だ。目立たないけど、メロディーを奏でつづけているんだ。

ぼくは冷蔵室の中身をつねにいっぱいにしておいたり、こまごました仕事をいろいろこなしてる。スターたちが間違いなく、必要なことが何でもできるようにね。そういうふうに、ぼくは魚市場に貢献してる。

会社に五年かそれ以上も勤めながら、自分が会社に貢献していることがどんなふうに見られているかも、自分が不可欠な存在なのかどうかも知らないというのは、ふしぎだね。

会社によっては、勤務評定をもらって初めて、自分の貢献度がわかったりする。だけどここパイク・プレイス魚市場では、絶えずコーチングをしたりされたりしているおかげで、すぐにフィードバックを得ることができるんだ。

もしぼくが、世界的に有名になるというビジョンや、ここでのサービスや製品の質にそぐわないことを何かしたら、すぐに誰かが教えてくれる。反対に、誰かがそういうことをしているのを見つけたら、ぼくには教える責任がある。

勤めはじめて一週間だろうが一〇年だろうが、そんなことは問題じゃない。ぼくはすべての人に対して責任を負っている。ここにいる全員が、互いに対して責任を負っていて、パイク・プレイス魚市場がとびっきりの場になることや、人々の人生にポジティブな影響をもたらすことに意欲的に取り組んでいるんだ」——**クリス**

主体的なすばらしい場を生み出すと、魚屋たちは、状況というのは思うほど動かしがたいものではないことを理解するようになった。実際、状況は人が考えるよりずっと流動的なのである。また、注意を向ける先をパイク・プレイス魚市場の外にまで広げると、魚屋たちは、思ったよりはるかに大きな力を発揮できることに気がついた。

同僚の実績を伸ばすと、自分の価値も上がる

主体的なすばらしい場を生み出すことは、意志を自覚してその実現に積極的に取り組む、一つの過程だ。魚屋たちは何がどのように起こるのか必ずしも知っているわけではないが、さまざまなことが起きて主体的なすばらしい場が生み出されていく。

その意味は、一人ひとり異なっている。次に紹介するバイソンにとっては、それは、冷蔵庫を空っぽにすることを――たくさんの魚を飛ばすことを意味している。

「人々にポジティブな影響をもたらすために組織を改革することに関して、ぼくに言えるのは、自分のやる気を高めることなら何でもどんどん取り入れてるってことだ。自分自身とゲームをするんだ。店先に出ているときは、売上ナンバーワンをめざそうと思う。でも雑用係をしている日はそこまではねらわない。店の奥にいて、一日の終わりにはゴミの片づけとかをしてるんだから。ほかのゲームとしては、トップかその次くらいじゃなかったときはムッ

として、それでもっと頑張ろうって思う。

状況に合わせて、ぼくはすべての行動において、自分を追い込み、気持ちを高めていく。できるかぎり冷蔵室のなかを空っぽにしたいんだ。魚を一匹残らず売りさばくという意味でね。

ぼくは前向きな方法で、自分自身やチームに競争意識を燃やしてる。誰かほかの人の成功をさまたげるようなやり方じゃない。ぼくたち一人ひとりが最高の状態になろうと頑張れば、凡庸な組織がとびきりすごい組織になるんだ。

自分たちのしていることを組織全体に広げれば、仕事がもっと楽しいものになる。たとえ売上ナンバーワンの魚屋じゃないとしても、ぼくはやる気を高めてもっといろんなことに挑戦していく。何か新しいこと、たとえば魚をさばいたり詰めたり荷造りしたりといったスキルを練習することに取り組んで、マスターしたい。それから、店先に出て、そこでのスキルもマスターしたいと思う。だけど、自分のやるべきことだけじゃなくほかのメンバーのことも、いつも気にかけてる。

ぼくはここパイク・プレイス流の生き方が大好きだ。その考え方をどう理解してどう使ったらいいいか、すっきり飲み込めるしね。

いちばんすごいのは、ここでの考え方はどんな仕事にでも応用できるってこと。保険のセールスをしていて自動車保険が専門だった人が、住宅保険とかの専門家になれるように。顧客へのサービスのスキルをマスターして、同僚との関わり方もマスターしてさ。

ぼくは、自分をチームや組織にとって価値あるものにするために、できることは何でもする。むろん、ほかの人の成功をじゃますることなしにね。自分のことだけに気を配って同僚を出し抜くのは簡単だろう。だけど、自分の実績が伸びて、同僚の実績も伸ばすことができたらって思う。それこそが、主体的ですばらしい場を生み出すということなんだ」――バイソン

バイソンの話のなかで重要なのは、成功というのは誰かほかの人の成功を犠牲にして生まれるものではないということだ。ほんものの〈人生の主人公〉は、ほかの人も〈主人公〉になってこそ、生まれるものなのだ。

主体的なすばらしさが生まれたのは、魚屋たちが個人的にしたことの結果ではない。それは、彼らがチームとしてどうありたいと思ったかということの結果だ。そこに至るまでの十のステップ、などというものはない。みんなが〈人生の主人公〉になって、主体的

なすばらしい場を生み出すことは、一人ひとりとその意志にかかっているからである。〈人生の主人公〉になるチャンスを生み出すために、魚屋たちはただ単に、ある状況に関してどのような人間でありたいかを自己に問いかけ、それから周囲にあるチャンスを見つけ出している。

忘れないでほしい。責任はすべて自分にあるのだということを。〈人生の主人公〉というのは、あなたにとってはどのような人を意味するだろう。

時間を自分に使えば、人にも気を配れるようになる

主体的に取り組むものややる気を高めるものを見つけることは、その人独自のものだ。バイソンの話にあるように、主体的な〈人生の主人公〉になるには、まず、自分のやる気を高めることは何でも積極的に行うこと。バイソンにしても、パイク・プレイス魚市場のさまざまな分野のさまざまな作業をマスターするよう努力することによって、〈主人公〉になっているのである。

次に紹介するダレンの話では、彼のやる気を高めているのは、時間を無駄にすまいとし、人生のなかに確実に存在しようとする意志であることに注目してほしい。

「パイク・プレイス魚市場から教わったことの一つは、どうすれば確実に人生を生きられるかということだ。結果として、ぼくはもう時間を無駄にすることはない。ぼくの時間を無駄にするような人と過ごしたり、ぼくの時間を無駄にするような状況に甘んじたりして、時間を浪費したりはしないんだ。

時間は貴重なものだ。だから、ぼくのためにならない人と親しい関係になったり何らかの状況をともに過ごすなら、つまり、それがその時間にしたいとぼくが思っていることじゃないなら、ぼくはそれをしない。

やらなきゃいけないこと、というか、何となく義務感を感じるからするってことがあるだろう。でもそういうことをぼくはもうしないんだ。

それは自己中心的であることと同じじゃない。自分のことにまずちゃんと注意を払って、そうしたらほかの人のことにも気を配れるようになるってことだ。

ぼくの人生で大切なのは、友だちや仕事仲間といったほかの人のことに気を配ること。彼らの成長に手を貸したいし、彼らを大事にしたいし、彼らのためになることをしたい。だからぼくはそれをするんだ。

パイク・プレイス魚市場で働くことで、ぼくは自分の人生がほかの人にどんなふうに影響を与えているかってことを、すごく意識させられてる。ぼくはつねに、自分自身のために自分の人生を生きているかどうか、ほかの人にポジティブな影響をもたらすことに最大限のことができているかどうか、自分に問いかけてる。

それは意識的であるかどうか、つねに現在を生きているかどうかの問題だ。ぼくは、多少なりともほかの人たちの役に立つことができるんだ」——ダレン

ダレン同様、魚屋たちは、時間がどれほど貴重なものか認識するようになっている。また、人間関係がどれほど貴重かということも、肝に銘じている。

魚屋たちの話のなかで、〈人生の主人公〉になること——新しいチャンスを生み出すこと、考え方や言葉を意識すること——は生き方であることが、たびたびくり返されてきた。

それは進化の過程であり、その根本には、人生において経験することは自分が生み出しているという基本的信念がある。〈主人公〉になれるかどうかは、他人とどんなふうに話をするか、さらにいえば、自分自身とどんなふうに話をするかにかかっている。

また、次のアンダースの話にあるように、自分が個人として持っている力を認識する必要もあるだろう。

自分を信じれば、チャンスを生み出す人になれる

「ぼくはお客に楽しい気持ちになってもらうためにここにいる。それをお客に知ってもらうことがぼくの意志だとすれば、お客が恐ろしく沈みこんでいるとき、ぼくは手を止めて、お客に店をにこにこしながら出ていってもらうことにぼくが積極的に取り組んでいることを、そのお客に知ってもらう。

こう言うんだ、『あなたにハッピーな気持ちで帰ってもらいたいし、そのために必要なことは何でもするよ』とね。

たとえば、あるお客にはこう言った、『ずいぶん不機嫌だね。すごく伝わってくるよ。人生にはいろいろあるしさ。みんな人間だし。どんなことがあったら、ハッピーな気持ちになって、この市場から家に帰ろうって思えるだろう？』そのお客はずっとピリピリしてたけど、ぼくがそう言うと、態度が少しやわらいだ感じになった。

お客は言った。『そんなことを言われたら……そうだな、カニをもう一杯もらおうか』少ししたら様子がすっかり変わって、さっきまでの態度をばかばかしいとさえ感じはじめたみたいだった。ぼくにできたのはそれだけだ。お客をいらつかせていたものが何であれ、そのことにお客はとらわれすぎてたんだ。

ぼくは、ものごとはいたって単純だってことをその客に気づかせた。ぼくは経験を客の役に立つものにして、そしてお客はハッピーな気持ちで帰っていった。

ときには、楽しい気持ちになってもらえないまま帰してしまうこともあるだろう。そういう人のためにぼくができるのは、ぼくがどういう人間でありたいと思ってその人と話をしているか、気づいてもらえたらな、と願うことだけ。

だけど、ぼくの意志と、それからパイク・プレイス魚市場のビジョンに注意を払うことこそが、誰かのついてない日や沈んだ気持ちをポジティブなものに変える力を、ぼくに与えてくれる。それは確かだね。

人はよく、会社のなかではほかの人にポジティブな影響をもたらすなんて無理だと言う。自分は微力な個人にすぎない、会社には何百人、何千人、いや何十万人もの社員がいるのだから、って。

だけど、いいかい。ぼくはパイク・プレイス魚市場の一七人のうちの一人で、そしてぼくたちは誇張なしに数百万の人の人生にポジティブな影響を与えてる。その数百万人を一七で割って出てくる人数の全員に対して、ぼくは責任を負っている。だけどぼくはたった一人だよ。自分は取るに足りない人間だと言ったら、そのとおりの人間にしかなれないんだ。

世界を変えた人たちを――〈人生の主人公〉だった個人たちのことを考えてごらん。マーティン・ルーサー・キング・ジュニア、ネルソン・マンデラ、ガンジー、フランクリン・デラーノ・ルーズベルト……みんな、一人だった。もし彼らが、自分は組織の一部で、何の力もないと感じていたなら、実際に変えたように世界を変えることはできなかっただろう。

ぼくだって、もし自分には何の力もなくて組織を変えることなんてできないと言ったら、

そのとおりになる――だけどそれは、それが現実だからじゃない。自分がそう言ったからなんだ」――**アンダース**

私たちは、変化のない惑星に住んでいるわけではない。この世界は活力にあふれ、進化し、日ごと年ごとに、あらゆるレベルで変化しているのである。

今の時代を独特のものにしているのは、今日私たちが経験しているこの変化の速さだろう。変化は昔より速い速度で起きていて、遅れずついていくのが難しいときもある。

私たちの一生はいくつかのレベル――肉体的、情緒的、知的、精神的――における変化の過程だ。この誰も免れることのできない過程のことを、私たちは人生と呼んでいる。

これまで以上に、私たちは、この世に存在する短い時間のあいだに人生からできるかぎり多くの経験を受けとりたいと思っているが、そのためには、考え方を変えたり新たなbeingを持つことが欠かせない。また、パイク・プレイス魚市場の魚屋たちなら、自分の創造性に対してはもちろん、自分の意志に対しても心をひらいている。

肝に銘じておくべきことは、変革というのはあなたから始まるということである――まさに今、あなたが始めようとしているように。

本書を読んであなたがどんな結果を経験するか、それはあなた次第だ。しかしもしあなたに積極的に取り組む気持ちがあるなら、パイク・プレイス魚市場の意志は、あなたが本書を通じて、あなた自身やあなたの人間関係や、あなたの職場、地域社会、あなたの住んでいる世界のために、新しい大きな可能性を生み出せるようになることである。

魚屋たちの話を通して、あなたは人生や仕事においてもっと力を発揮できる新しい考え方を手に入れたかもしれない。

そうした考え方を日々のなかで探究すると、人生が変わるのがわかるだろう。あなたの周囲で変化が起こるかもしれないが、自分こそがその変化を起こし、チャンスを生み出しているのだと気づくこと。

無限の可能性の世界へと足を踏み出そう。

そして、力強く生き、自分が経験することに責任を持ち、主体的な〈主人公〉として人生を歩んでいこう。

CATCH!

6

- 注意を向ける先や意志を自分の外にまで広げると、主体的なすばらしい場が生まれる。
- 楽しさは、ほかの人にポジティブな影響をもたらすことに積極的に取り組んで初めて生まれる。
- 〈人生の主人公〉となって成功することは、ほかの人の成功を犠牲にして成り立つものではない。
- 変化はあなたから始まる――まさに今、あなたが始めようとしているように。

おわりに

私は、カリフォルニア州サンルイス・オビスポにあるカリフォルニア州立工科大学の工業技術学部で、品質保証と社内教育について教えているが、二〇〇一年秋に行われたリーダーシップについての会議で、パイク・プレイス魚市場のことを知った。

最初は、組織の雰囲気に関して斬新な考え方を提供してくれるのではと思い、この魚市場についてもっと知りたいと思った。その発想を授業に取り入れられるかどうか、確かめるためだった。

パイク・プレイス魚市場をもてはやす噂は数知れなかったが、そうした噂に、私は興味を惹かれた。どういうわけか、シアトルにあるこの小さな魚市場が、ほとんどすべての業界の、大小を問わずさまざまな企業から絶賛されるようになっていたのである。

サンルイス・オビスポにあるいくつかの企業もパイク・プレイス魚市場のことを噂していたが、わが家の馬の飼料を買っている地元の飼料販売店も例外ではなかった。まるで、誰も彼もがパイク・プレイス魚市場に関心を寄せている、そんな感じだった。

私の興味はやがて、魚市場のことを人々に伝えたいという願望に変わった。当時、伝える方法についてはよくわかっていなかったが、パイク・プレイス魚市場の基本方針をもっとよく知れば、すべての人が恩恵を得られるはずだと強く感じていたのだった。

私は人々の人生に変化をもたらしたいと思っているが、同じような信条をこの魚市場が数多く持っていることを知って目を見はった。小さな魚市場で目にする光景の背後には学ぶべきことがたくさんあるように思えたため、私はパイク・プレイス魚市場のオーナーに連絡をとり、魚市場で働く人たちの根底にある信念や指針を世の人々に伝えてはどうかと提案をした。

私は二〇〇二年の二月に初めて魚屋たちに会い、大学で教鞭を執るかたわら、その年いっぱい数度にわたって魚屋たちを訪れた。訪問中、私は魚市場で働き、スモークサーモンを並べたり、魚を箱詰めにしたり、夜には後片づけを手伝ったりした。彼ら特有の言葉や仕事の精神面だけでなく、私は肉体労働の側面も学んだのである。

魚屋たちとは多くの時間をかけて話をした――ときには正式なインタビューのかたちで、ときにはざっくばらんなおしゃべりとして。飛んできたカニが頭にぶつかった同じ日に、さらに冷蔵室に閉じ込められるという幸運に恵まれたこともあった。まったく、なんとすてきな経験をしたことだろう!

魚屋たちから学んだ人生の教訓のうち特に大切なのは、人は、人生において経験することにも、人生の中で自分が引き起こすどのような未来にも、責任があるということだった。魚屋たちはこの考えのことを、〈責任はすべて自分にある〉と呼んでいる。自分の考えや感情や決定や行動や、そのほかすべての責任は、個人一人ひとりにあるというのである。

実際、本書に示した話はどれも、パイク・プレイス魚市場の基本方針、すなわち〈人は自分の人生に対し責任を負っている〉ことを説明しているといえるだろう。

たとえば、スーパーマーケットのレジで長蛇の列に並ぶことになったためにイライラしている場合、あなたは長い列や列に並んでいる人々に対してイライラしているのではない。

あなたは、イライラすることを自分が選んだために、イライラしている——おそらくは、スーパーへ買い物に出かけて長蛇の列に並ぶことになるとは思っていなかったために。

とどのつまり、あなたの外にあるものはどんなものも、あなたを楽しくも悲しくもさせることはない。そういうものはすべてあなたの内にある。だから、〈責任はすべて自分にある〉のである。

最後になったが、世界各地の心やさしい方々が力を貸してくださらなかったら、本書を出版することはできなかっただろう。執筆を考えはじめて以来、私は大勢の方に会い、人生に対する理解に深い洞察を与えていただいた。今なお親しく交流させていただいている方も少なくない。あまりに人数が多くてここに記すことはできないが、すべての方のご厚意に、心よりお礼を申し上げる。

二〇〇三年八月　シンディ・クラザー

●本書に登場する魚屋たち

ジョニー・ヨコヤマ……パイク・プレイス魚市場のオーナー。一九六五年に市場を購入。昔は魚屋たちとともに市場で働いていた。魚屋たちが進んで魚を投げるようになった今も、彼らを指導し、わくわくするような未来に導くことに、積極的に関わりつづけている。

ディッキー・ヨコヤマ……ジョニーの弟。経営者の一人。市場では、二〇年以上前から働いている。

サミュエル・〈サミー〉・サムソン……経営者の一人。動きのすばやさは、天下一品！

キース・ビッシュ……通称〈熊《ベア》〉。数年にわたってドライバー兼何でも屋を務めたが、今はキングサーモン売り場を担当している。

ジャスティン・ホール……十三歳のときから十三年間、市場に勤めている。一分間に投げる魚の数が世界一であることによって、『ギネスブック』に載っている！

ジェイソン・スコット……実は市場で生まれたらしい。勤めること七年。シアトルで活動するバンド、セバーヘッドの、優れたドラマーでもある。

ダレン・キリアン……市場に来て五年。たいてい、貝売り場近くのコンピュータの前にいて、インターネットで受けた山のような注文を処理している。

ダン・ブッゲ……名前より苗字で知られる人。市場には三年前から勤めている。実は、魚を乳母車に投げ入れたことがある――それも、赤ん坊の寝ている乳母車に！　心配はご無用。赤ん坊は、ちょっとびっくりはしたものの、無事だったから。

クリス・ベル……目下のドライバー兼何でも屋。毎日、鮮度抜群の魚をトラックで運んでいる。また、すべてが十分にそろっていることを確認して、規則正しいリズムで仕事をこなしている。

アンディ・フリグリエッティ……ボストンからシアトルに移ってきた人で、市場には四年近く勤めている。カニとロブスター売り場を担当している。

エリック・エスピノザ……アンディの相棒。市場にはおよそ二年勤めている。幸運にも、人気の保養地を訪れる機会を、何度か得てきた。

ライアン・デーン……〈バイソン〉の異名を持つ。三年ほど前から、断続的に市場で働いている。ただ、姿を見ることはなかなかできない。つねに動きまわって、どの売り場にも十分な数の魚が並んでいるよう気を配っているためだ。

アンダース・ミラー……市場に来たのは、三年ほど前。大半の時間をカウンターの奥で過ごし、放ってよこされる魚をつかんではさばいている。夜になって店が終わると、注文の入っていた魚をホテルまで届けに行く。

ジェレミー・リッジウェイ……アンダースとともに、たいていカウンターの奥に立っている。自称トレーニングの専門家。市場には一年ほど勤めている。

ラッセル・プライス……ハーレー・ダビッドソンに乗ってシアトルの町を走っていないときは、キングサーモンかカニの売り場で姿を見ることができる。市場に来て三年になる。

ベン・ビッシュ……〈熊《ベア》〉の息子。一五歳のときから、アルバイトとして働いている。たいてい、カニと貝の売り場か、でなければキングサーモン売り場の近くの、いちばん目立つところに立って仕事をこなしている。

筆者が魚屋たちの話をまとめていたころは、マット・ルイス、ダグ・シュトラウス、デイブ・ブルックス、ライアン・キムラも、パイク・プレイス魚市場で働いていた。現在、マットとデイブは大学に通い、ダグは近隣の高校で教壇に立ち、ライアンはラスベガスへ移って別の仕事に就いている。四人とも定期的に市場を訪れているので、行けば彼らにも会えるかもしれない。

■パイク・プレイス魚市場について

ワシントン州シアトルの、パイク・プレイス公営市場のなかにある、4つの魚市場のうちの1つ。魚を投げることが市場の名物イベントになり、シアトルを訪れる人々が必ず訪れる観光スポットとなっている。

NBCの番組「フレイジャー*1」やMTVの「ザ・リアル・ワールド*2」をはじめ、「エメリル・ライブ*3」、「ホイール・オブ・フォーチュン*4」、映画「フリー・ウィリー*5」などでしばしば取り上げられている。また、「ファスト・カンパニー*6」誌や「トロント・スター*7」紙など多くの雑誌・新聞に掲載され、1分間に投げる魚の数が世界一多いことでギネス記録も持つ。

チャートハウス・ラーニング社は、2本の社内教育フィルム、「Fish!*10」と「Fish! Sticks」を制作。それが話題となり、『フィッシュ！*9』を出版。「ウォールストリート・ジャーナル」誌や「ニューヨーク・タイムズ」紙にベストセラーとして紹介され、日本やドイツでも話題となる。2001年3月には、CNNがアメリカで〈いちばんわくわくする職場〉だと認めている。

現在、多くの企業や組織が、魚屋たちやパートナーのフューチャーズ・コンサルティング社に対し、パイク・プレイス魚市場を成功に導いた基本方針に基づくコーチングや指導を求めている。

Pikeplacefish@pikeplacefish.com

＊1　フレイジャー（Frasier）：日本では『そりゃないぜ!? フレイジャー』としてスーパーチャンネルにて放送。1993年の放送開始からつねに超高視聴率を獲得。エミー賞では史上最多の5年連続作品賞を受賞。〈中年男性フレイジャー〉が活躍する大人向けの一味違ったコメディとして知られる。

＊2　ザ・リアル・ワールド（The Real World）：MTV視聴者から一般募集した初対面の男女グループが、共同生活を送る様子を密着カメラが克明に記録する、人気ヒューマン・ドキュメンタリー番組。

＊3　エメリル・ライブ（Emeril Live）：米国の料理専門チャンネル「Food Network」で毎日放送される、大人気料理番組。

■ 著者紹介

シンディ・クラザー（Cyndi Crother）

カリフォルニア州立工科大学工業技術学部助教授。品質保証をはじめ、社内教育、チーム作り、経営プレゼンテーション、ファシリティ・マネジメントについて講義をしている。組織効率と継続的向上の研究者として、現在、2冊を執筆中。指導力開発や革新に関するコンサルティングを含め、さまざまな仕事に取り組んでいく予定。

www.guidetogreatness.com
Cyndi@guidetogreatness.com

■ 訳者紹介

野津智子（Tomoko Nozu）

獨協大学外国語学部フランス語学科卒業。
主な訳書に、『仕事は楽しいかね？』『仕事は楽しいかね？2』（以上、きこ書房）、『正しければ、それでいいの？』（ダイヤモンド社）など。また、『魔法があるなら』（ＰＨＰ研究所）をはじめ、ハートウォーミングな小説の翻訳も手がけている。

＊4　ホイール・オブ・フォーチュン（Wheel of Fortune）：米国で人気の有名クイズ番組。

＊5　フリー・ウィリー（FREE WILLY）：米国, 1993, 誰にも心を開かない孤児の少年とシャチの交流を丁寧に描いた、心温まる感動ファンタジー映画。

＊6　ファスト・カンパニー（Fast Company）：1995年創刊。Fast Company社の事業経営者向けビジネス誌。

＊7　トロント・スター（TRONTO STAR）：カナダ・トロントの日刊地方新聞。

＊8　Fish!：ChartHouse Learning　Fish! Sticks：ChartHouse Learning

＊9　フィッシュ！（Fish!）：Stephen C. Lundin Ph.D., Harry Paul, and John Christensen, Hyperion Books, 2000,『フィッシュ！』(相原真理子訳／早川書房)

● 英治出版からのお知らせ

本書に関するご意見・ご感想を E-mail（editor@eijipress.co.jp）で受け付けています。また、英治出版ではメールマガジン、ブログ、ツイッターなどで新刊情報やイベント情報を配信しております。ぜひ一度、アクセスしてみて下さい。

メールマガジン：会員登録はホームページにて
ブログ　　　　：www.eijipress.co.jp/blog/
ツイッター ID　：@eijipress

まず心の声を「キャッチ」せよ！
仕事と人生の主人公になる秘訣

発行日　2004 年　7 月 22 日　第 1 版　第 1 刷
　　　　2010 年　12 月 15 日　第 1 版　第 2 刷
著者　シンディ・クラウザー
訳者　野津智子（のづ・ともこ）
発行人　原田英治
発行　英治出版株式会社
〒 150-0022 東京都渋谷区恵比寿南 1-9-12 ピトレスクビル 4F
電話　03-5773-0193　FAX　03-5773-0194
http://www.eijipress.co.jp/
プロデューサー　秋元麻希
スタッフ　原田涼子　高野達成　岩田大志　藤竹賢一郎　山下智也
杉崎真名　鈴木美穂　下田理　渡邉美紀　山本有子　牧島琳
印刷・製本　Eiji 21, Inc., Korea
装丁　本山吉晴
校正　戸澤万里子

ISBN978-4-901234-54-2　C0030　Printed in Korea